Winfried Prost (Hrsg.)

Vom Umgang mit schwierigen Menschen

Vorwort

Gerade Führungskräfte haben den Auftrag, mit Menschen und Situationen erfolgreich umzugehen. Vermutlich ist ihnen das bislang schon vielfach gelungen, sonst wären sie nicht für eine solche Position in Betracht gezogen worden. Dennoch bleibt es eine tägliche Herausforderung, immer wieder mit Menschen klarzukommen, die sich im Einzelfall als schwierig erweisen. Im Geschäftlichen ist der professionelle Blick dabei meist eingeschaltet, ebenfalls die entsprechende Feinfühligkeit. Insbesondere, wenn Führungskräfte aber im Privatleben in ihren Familien erleben, dass ihre gewohnte hierarchische Autorität dort nicht greift, verlieren sie oft ihre sonstige Souveränität und reagieren sehr privat, sehr emotional und unprofessionell.

Insofern bietet dieses vornehmlich an Führungskräfte gerichtete Buch Berichte über ein breites Spektrum von schwierigen Menschen, die nicht nur aus dem beruflichen Umfeld stammen. Führungskräfte haben außer Kollegen, Mitarbeitern, Chefs und Kunden schließlich auch Familienmitglieder, Freunde und Nachbarn unterschiedlichster Altersstufen, und die persönliche Lebenszufriedenheit oder Life-Balance steht in direktem Zusammenhang damit, ob es gelingt, mit diesen Menschen in Frieden zu leben und mit deren gegebenenfalls schwierigen Eigenschaften oder Verhaltensweisen umzugehen.

Dieses Buch ist gewiss nicht repräsentativ, es enthält auch keine Lösungen für alle Fälle, aber es enthält eine Fülle an Beispielen vom erfolgreichen Umgang mit schwierigen Menschen verschiedenen Alters und aus verschiedenen Lebensbereichen.

Meist zeigt es sich, dass diese Menschen schwerwiegende und tiefgründige Probleme haben, die zu denen ihrer Gesprächs- und Lebenspartner werden können, wenn keine andere Lösung gefunden wird.

Diese Berichte von gelungenen Lösungen können ermutigen, auch dann noch weiter nach Lösungen zu suchen, wenn man eigentlich schon aufgeben und resignieren möchte. Menschen und ihre Probleme sind vielschichtig. Deshalb lohnt es immer, noch einmal genauer hinzuschauen und nachzufragen. Oft entdeckt man dann doch noch neue Aspekte, die sich als Schlüssel für Lösungen erweisen. So zeigen auch die hier geschilderten Beispiele oft überraschende Lösungen auf und inspirieren dadurch, sich weiter um Lösungen im eigenen Alltag zu bemühen.

Alle Autoren dieses Buches haben spezielle Qualifikationen als Berater. Alle verfügen über langjährige Beratungspraxis und wissen, dass das Herumdoktern an Symptomen äußerlich bleibt und dass für gute Lösungen immer die ganze Person und ihr ganzes Umfeld mit in die Betrachtung einzubeziehen sind. Entsprechend finden Sie hier „ganzheitliche" Lösungsansätze.

Zum Berater kommt, wer entweder Schwierigkeiten mit sich selbst oder mit Anderen hat. Manchmal sind die Anderen wirklich schwierige Persönlichkeiten, manchmal versteht man sie nur nicht und hat deshalb Schwierigkeiten mit ihnen. Wie schafft man es nun, Kommunikationsbrücken zu bauen oder mit Menschen umzugehen, mit denen man unvermeidlich zu tun hat oder zu tun haben will?

Der erste Grundsatz eines guten Beraters sollte sein: „Jeder Mensch ist anders." Daraus ergibt sich zwingend ein zweiter: Jede Lösung muss individuell und maßgefertigt sein.

Oft hilft die Erinnerung an andere Menschen und Situationen und wie man dafür Lösungen erarbeitet und entdeckt hat. Vielfach hilft eine bestimmte Gesprächstechnik, immer ist eine geschulte Wahrnehmung von Nutzen, manchmal findet man eine Lösung auch nur durch Intuition. Es gibt keine Technik, die immer zu funktionierenden Lösungen führt. Jedes Mal gilt es, wach zu sein, genau zu beobachten, zuzuhören, zu fragen und – wie in der Kriminalistik – alle gewonnenen Informationen zu einem Gesamtbild zu verarbeiten. Dann erst kann man Maßnahmen erarbeiten und erproben. Auch dabei sind wieder viel Sorgfalt und Aufmerksamkeit erforderlich. Manchmal muss man mit verschiedenen Möglichkeiten jonglieren. Immer ist die Mitarbeit beim Lösen schwieriger Situationen mit schwierigen Menschen eine Kunst, die Empathie braucht. Theoretische Konzepte, Techniken und Methoden dürfen einem dabei nicht den Blick verstellen. Sie können im Kopf vielleicht als Hintergrundprogramm mitlaufen, sie dürfen sich aber nicht dominant in den Vordergrund drängen.

Insofern vermittelt dieses Buch nicht in erster Linie Methoden und Theorien, sondern vermittelt Anregung und Inspiration durch die Begleitung von Coaches bei ihrem teils künstlerischen Tun. Zum Künstler wird man nicht, indem man Kunst studiert. Hilfreicher ist es – so wurde es über Jahrhunderte praktiziert –, einen Künstler während einiger Zeit zu begleiten und bei seiner Arbeit zu beobachten. Genau dazu haben Sie hier als Leser Gelegenheit. Sie können sogar zwölf Experten durch 26 Fälle begleiten.

So können Sie in einem breiten Spektrum von Fällen miterleben, wie Coaches, Berater, Lehrer oder Therapeuten an schwierige Menschen herangehen und wie sie diese mit ihren persönlichen Methoden und auf ihre Art in Bewegung bringen. Sie haben dabei die Chance, ein besseres Verständnis für schwierige Menschen zu gewinnen, und werden zum einfühlsameren und erfolgreicheren Umgang mit ihnen angeleitet.

Die Experten, die hier zur Wort kommen, arbeiten alle seit Jahren in beratender Tätigkeit und sind Mitglieder oder assoziierte Partner der Akademie für Ganzheitliche Führung, Köln und Zürich. In diesem Buch berichten sie von schwierigen Fällen, bei denen sie zu deutlichen Lösungsfortschritten beitragen konnten und die sie für mitteilenswert und von exemplarischem Wert halten. Zum

Schutz der erwähnten Personen sind alle Namen und Ortsangaben geändert sowie biografische Details gegebenenfalls variiert, ohne jedoch den psychologischen Wahrheitsgehalt zu schmälern.

Der Herausgeber freut sich, dass es ihm möglich war, die Experten für dieses Buch zusammenzuführen und es nun als spannendes Lesebuch vorlegen zu können.

Köln, im Februar 2009   Winfried Prost

Inhaltsverzeichnis

Vorwort _____ 5

Sascha Schmidt

Jung, dynamisch und …? – Ein dynamischer Jungmanager __ 13

Einsam in Zweisamkeit – Ein schwieriger Mitarbeiter _____ 19

Petra Gottesmann-Haag

Der Fisch stinkt vom Kopf –
Ein Unternehmer und die Mitarbeitermotivation _____ 23

Ein Business-Power-Seminar – Ein schwieriger Mitarbeiter __ 29

Was sollen wir bloß mit Gregor machen? –
Ein despotischer Seniorchef _____ 35

Winfried Prost

Der Karatemeister –
Ein schwacher 52-jähriger Abteilungsleiter _____ 43

Die Narbe als Wegweiser – Ein schwieriger Chef _____ 47

Ralf Schmidt

Chronische Unzufriedenheit – Eine 39-jährige Managerin ___ 49

Burnout – Ein 51-jähriger Manager _____ 59

Susanne und Carsten Gaede

Zusammenbruch – Ein 44-jähriger leitender Angestellter ____ 69

Winfried Prost
Hierarchische Enttäuschung –
Eine Frau und ihr gleichaltriger Chef _____ 79

Susanne Gaede
Verletzt, gemobbt und voller Sehnsucht –
Eine Angestellte Mitte 50 _____ 81

Carsten Gaede
Ein Leben voller Chaos –
Eine doppelt berufstätige 52-jährige Frau _____ 87

Britta Helbig
Die Suche nach dem persönlichen Glück –
Eine 38-jährige Frau im Vorstand _____ 95

Gerald Iserloh
Der Markt ist gnadenlos – Ein 59-jähriger Unternehmer ___ 101
Die Treiber künftiger Erfolge –
Ein 44-jähriger Unternehmer _____ 109

Ulrike Petschuch und Alexander Sladek
Vom kommunikativen Umgang mit Patienten –
Arzt, Patient und Multiple Sklerose _____ 115
Wie gegen eine Wand –
Eine schwierige Patientin mit Schilddrüsenkrebs _____ 119

Irene Barth
Henni – Ein 8-jähriger Störenfried _____ 123
Rennfahrertage – Ein unbändiger 9-jähriger Junge _____ 129

Steffen Heger

Stark sein! – Ein junger Macho _____ 133

Schwul werden – Ein schwuler Student _____ 141

Sascha Schmidt

Die Schatten der Kindheit –
Eine ausländische Tagesmutter_____ 147

Steffen Heger

Wut im Bauch – Eine 64-jährige Witwe _____ 151

Britta Helbig

Zwei Teile eines Lebens – Eine 68-jährige Frau ____ 157

Winfried Prost

Ein altes Ekel? – Eine 85-jährige Frau _____ 165

Der Herausgeber _____ 169

Die Autorinnen und Autoren _____ 171

Sascha Schmidt

Jung, dynamisch und …? –
Ein dynamischer Jungmanager

Jan Kunz war ein 25-jähriger Mann mit ausgeprägten Verkaufswillen und großem Selbstbewusstsein. Er wollte etwas bewegen. Für ihn war die New Economy die Chance, auf der Überholspur an tradierten Verkaufskarrieren vorbeizuziehen. Firmenwagen, Mobiltelefon und gutes Gehalt waren die Insignien des Erfolgs. Gepaart mit einem selbstbewussten Auftreten und dem Gefühl, an etwas ganz Großem mitzumachen. Es war die Zeit der Gründer und der jugendlichen CEOs. Alles schien möglich.

Ich leitete damals den E-Business-Bereich in einem großen Verlag. Wir wollten und mussten unsere Online-Projekte vorantreiben. Das kostete Geld. Bei der Vermarktung der Website arbeitete ich mit einem externen Vermarkter zusammen. Die Agentur verkaufte in unserem Auftrag Banner und sonstige Werbeformen. Schnell wurde mir klar, dass der Einsatz des externen Vermarkters nicht ausreichte, um die geplanten Umsätze zu erreichen.

Aus diesem Grunde stellten wir Jan Kunz ein. Die Zeit drängte, denn die ambitionierten Planungen sollten zügig erreicht werden. Jan Kunz war Verkäufer in einer IT-Firma. Für ihn war der Wechsel zu einem Verlag sehr reizvoll. Der erste Eindruck und die kurze Kündigungsfrist bei seinem Arbeitgeber gaben den Anstoß zur Einstellung.

Für sein jugendliches Alter erhielt Jan Kunz ein hohes Gehalt; außerdem bekam er einen Firmenwagen. Die Erwartungen an ihn waren hoch. Jan Kunz strahlte den Willen zum Erfolg aus. Aber: Schon während des Vorstellungsgespräches ist mir die Neigung zur Selbstüberschätzung aufgefallen. Er hatte eine gewisse „Mir gehört die Welt"- und „Ich weiß alles"-Haltung. Doch ich schob es auf die Jugend und sagte zu. Jan Kunz bekam den Job.

Neben der Vermarktungs-Agentur und Jan Kunz gab es die Print-Verkäufer. Sie verdienten ihr Geld mit dem klassischen Anzeigen-verkauf, doch waren sie vom Verlag angehalten, uns „Onliner" Türen zu öffnen und Kontakte zu ermöglichen. Die Key Accounter haben teilweise über Jahrzehnte zentrale Kontakte zu Entscheidern aufgebaut und gepflegt.

Insgesamt gab es vier Key Accounter für ganz Deutschland. Wer welchen Kunden ansprechen darf, war eindeutig intern festgelegt, so dass es zu keinen Überschneidungen kam. Die erzielten Umsätze wurden dem jeweiligen „Kundeninhaber" gutgeschrieben. Am Monats- und Jahresende erfolgte die Ausschüttung der Provisionen.

Die Key Accounter waren alle Verkaufsprofis für Print-Anzeigen. Das Online-Geschäft war nicht von Interesse, da dieses weder hohe Umsätze noch damit verbundene Provisionen versprach. Zum Selbstverständnis der Verkäufer gehörte jedoch, dass die Kontakte zu den Kunden exklusiv über sie verlaufen. Sobald ein Kunde vom externen Vermarkter angesprochen wurde, gab es intern teilweise wütende Protest-Anrufe und Nachfragen im Tenor „Was soll das? Es ist immer noch *mein* Kunde".

Ich legte von Anfang an großen Wert auf den persönlichen Kontakt zu den Key Accountern. Viele Hunderte Kilometer bin ich bewusst im Wagen mitgefahren, um im Einzelgespräch Strategie und aktuelle Projekte von Online zu erläutern. So konnte ich Befürchtungen wie „Online nimmt mir Umsatz weg" oder „Mein Kunde ist verwirrt, wenn jemand anderes als ich ihn anspreche" im Keim ersticken. Das Mittel: Ich habe immer wieder auf die Vorteile für den Key Accounter hingewiesen und ihm zugleich durch eine Art „Fortbildung on the road" seinen Horizont für die Kundengespräche erweitert.

Durch die gemeinsame Zeit auf der Autobahn und beim Kunden konnte ich eine persönliche und teilweise herzliche Beziehung aufbauen. Es gelang uns sogar, gemeinsam große Verträge abzuschließen. Diese Erfolge zeigten, dass durch intensive Kommunikation und gegenseitige Achtung Bewegung in alte Strukturen gebracht werden können. Ich war nicht der „Onliner", der den „Print-Leuten" mal sagt, wo es ab sofort langgeht. Nein, die Bereitschaft, das bestehende Geschäft der Print-Verkäufer zu achten und deren Ängste ernst zu nehmen, waren ein wichtiger Schlüssel für gemeinsame Verkaufserfolge. Und dann kam Jan Kunz und mit ihm der große Knall.

Zur Eskalation kam es auf einer Vorbereitungsveranstaltung zur CeBIT in Hannover. Jährlich informierte hier der Verlag sein nationales und internationales Verkaufsteam. In diesem Rahmen stellte ich Jan Kunz als neuen Verkäufer vor.

Vor der Vorstellung wies ich ihn eindringlich auf die Ängste seiner Print-Kollegen hin. Ich sagte ihm, dass nur die Zusammenarbeit mit ihnen uns Umsätze bringen werde. Jan Kunz versicherte mir, dass er viel Wert auf gemeinsames Handeln legen werde.

Ich sprach in Hannover kurz über unsere Erfolge im Netz und zukünftige Projekte. Dann übergab ich das Wort an Jan Kunz. Ich bat ihn, kurz selbst etwas über sich zu sagen. Ich dachte, er stünde auf, stelle sich vor und drücke seine Freude über die Zusammenarbeit aus. Das tat er auch. Und zusätzlich versicherte er allen, dass er keinem sein Geschäft wegnehmen wolle. Aber er werde nun mit Nachdruck Online im Verkauf voranbringen. Bisher sei ja nichts wirklich vorangegangen. Und so las der 25-jährige Jan Kunz der versammelten Key-Account-Mannschaft mit einem Durchschnittsalter von 45 Jahren die Leviten. Es war von Jan Kunz nicht böse gemeint, aber es kam zum „Sender-Empfänger-Problem" und damit zum Knall.

Nach der Sitzung kamen einige Print-Verkäufer auf mich zu und wollten mir wütend die Zusammenarbeit kündigen. Für sie war die Einstellung von Jan Kunz und dann sein selbstherrlicher Auftritt ein Affront. Alte Ängste kamen hoch: „Bin ich zu alt für den Job?"; „Online nimmt mir mein Budget weg"; „Ich lass mir doch von so einem Schnösel nichts sagen" etc.

Die Lage war sehr ernst. Getreu dem Motto „Einen Erbrechenden kann man nicht füttern" habe ich mir zuerst den Ärger und das Unverständnis angehört – kommentarlos. Nachdem sich die Emotionen beruhigt hatten, suchte ich mit jedem Print-Verkäufer das persönliche Vier-Augen-Gespräch in entspannter Atmosphäre.

Ich fragte jeden nach seiner persönlichen Sicht: „Warum ist Jan Kunz ein Problem für dich?" Schnell stellte sich heraus, dass nicht die Person Jan Kunz ein Problem war, sondern der allgemeine Umsatzdruck durch den Verlag. Die Einstellung von Jan Kunz empfanden viele als eine weitere Schikane und Missachtung ihrer Leistungen. Durch seinen Auftritt wurden diese Gefühle weiter gestärkt. Ein „Drei-Käse-Hoch", der ihnen sagt, wo es langgehe.

Mit jedem Print-Verkäufer besprach ich Lösungsalternativen für eine zukünftige Zusammenarbeit zwischen Print und Online. Es wurde allen klar, dass Jan Kunz für sie eigentlich eine Chance bedeutete. Nun gab es eine weitere Person, die ihnen beim Verkauf beratend und unterstützend zur Seite stand. Dies wiederum profilierte sie als Ansprechpartner für ihre Kunden. Damit war die eine Front beruhigt.

Jan Kunz waren die Auswirkungen seines Auftrittes nicht bewusst. Doch als er den drohenden Boykott seiner Person sah, fing er an nervös zu werden. Schließlich führte ich ein langes offenes Gespräch mit ihm und erklärte ihm die Ursache für das Verhalten der Key Accounter. Gleichzeitig machte ich ihm klar, dass er seine Ziele ohne eine Zusammenarbeit nicht werde erreichen können. Mit Blick auf den Umsatzdruck auf seinen Schultern sah er dies widerwillig ein. Er fühlte sich seinerseits aber nicht fair behandelt. Warum sollte er auf die „alten Säcke" Rücksicht nehmen? So kämen wir nie voran mit dem Geschäft.

Mein Lösungsansatz bestand darin, ihn tagtäglich mit seinen eigenen hohen Ansprüchen an seine Verkaufsleistung zu konfrontieren. Jeden Morgen fragte ich nach, wen er gestern erreicht habe, warum es nicht vorangehe, was er heute machen werde. Ich ließ ihn deutlich meine Unzufriedenheit spüren, wenn er nicht hartnäckig genug beim Kontakten war. Er merkte schnell, dass auch New Economy harte Arbeit bedeutete. Der Glamour ging verloren. Und: Jan Kunz sah ein, dass er ohne die Kontakte der Kollegen nicht in dem gewünschten Tempo vorankommt. Umso größer wurde sein Interesse für eine Zusammenarbeit.

Die ersten gemeinsamen Termine mit den Print-Leuten waren noch schwierig. Aber ich wies beide Seiten in den folgenden Tagen und Monaten immer wieder mit Nachdruck auf unsere Gespräche hin, wenn es wieder Streitigkeiten und Beschwerden gab. Das gemeinsame Ziel, Umsatz erzielen zu wollen und zu müssen, war die Basis für eine gute Zusammenarbeit.

Sascha Schmidt

Einsam in Zweisamkeit –
Ein schwieriger Mitarbeiter

Christa und Tim waren seit zehn Jahren verheiratet. Kennen gelernt hatten sie sich auf einer Party eines gemeinsamen Freundes. Beide waren neu in der Stadt, und so trafen sie sich immer öfter. Sie interessierten sich beide für das kulturelle Leben. Museumsbesuche und Kinoabende waren eine beliebte Freizeitbeschäftigung.

Das Hochzeitsfest war rauschend und die Flitterwochen genossen beide in vollen Zügen. Christa und Tim wurden glückliche Eltern von zwei Kindern. Eigentlich alles perfekt.

Tim lernte ich im Rahmen eines Beratungsprojekts kennen. Er war mein Ansprechpartner bei meinem Kunden. Tim war sehr kooperativ und hilfsbereit. Aber er war zugleich beratungsresistent und hatte einen Hang zur Kontrollsucht. Führte ich ein Gespräch mit seinem Chef, so stand er eine Minute danach bei mir und wollte wissen, um was es ging. Egal, ob es sich um unser Projekt oder sonst etwas handelte.

Der Chef von Tim erlebte schon länger das gleiche Phänomen mit ihm. Er versuchte durch seine Autorität und gezielten Abstand ihm in seine Schranken zu weisen. Das ehemals herzliche Verhältnis zwischen ihm und Tim kühlte merklich ab. Tims fachliche Kompetenz war weiterhin anerkannt, seine soziale Kompetenz wurde immer kritischer gesehen. Es gab die ersten Überlegungen, ihn zu versetzen bzw. sich von ihm ganz zu trennen.

Da Tims fachliche Leistungen nicht angezweifelt werden, tat sich sein Chef mit einer Trennung schwer. Er wollte Tim noch eine Chance geben und bat mich, mit Tim ein Coaching-Gespräch zu führen.

Tim war sehr nervös. Er wusste nicht so recht, warum er zu mir kommen sollte. Nach einleitendem Small Talk fragte ich ihn direkt, wie er sein Verhältnis zu seinem Chef beschreiben würde. Nach anfänglichem Zögern und Ausweichen sagte er schließlich, dass er das Gefühl habe, nicht genug beachtet zu werden. Er müsse um die Anerkennung buhlen und falle damit sicherlich seinem Chef auf die Nerven. „Wie zu Hause mit meiner Frau", war ein kleiner Nachsatz. Tim wusste noch nicht, dass er hier bereits die Spur zur Lösung des Problems legte.

Ich bat ihn, mir von sich und seinem Werdegang zu erzählen. Tim wuchs in einer gutbürgerlichen Familie auf. Sein Vater war viel unterwegs und seine Mutter betreute insgesamt drei Kinder. Tim war der Älteste von ihnen. Er erinnerte sich sehr gerne an gemeinsame Spieleabende in großer, aber auch sehr kleiner Runde. Er und sein Vater alleine beim „Kniffeln", da war für ihn die Welt in Ordnung.

Es folgten Studium, erste Liebschaften und dann der Job in einer fremden Stadt. Es kamen hinzu Christa, Hochzeit, Kinder und der Alltag in der eigenen kleinen Familie. Stolz erzählte er seinen Weg, und doch wurde die Stimme immer trauriger, je mehr er von der jüngsten Vergangenheit bis hin zur Gegenwart erzählte. „Einsam in Zweisamkeit" war sein Fazit.

Christa gab sich ganz dem Haushalt und der Kindererziehung hin. Sie hatte ihren Beruf aufgegeben und war Mutter aus Passion. Tim spürte eine Entfremdung der Lebenswelten. Er im Job, viel unterwegs und gefordert. Sie zu Hause mit täglichem Kinderglück und Frust. Bei abendlichen Gesprächen wollte jeder zuerst erzählen, aber keiner der beiden zuhören. „Was interessiert mich das Hausfrauenleben", sagte Tim grimmig zu mir. Außerdem: „Das, was uns verband, Kinoabende und Ausstellungsbesuche, das ist seit der ersten Schwangerschaft passé."

Für mich war klar: Tim kämpfte bei Christa und seinem Chef um Zeit. Ich nenne sie „Quality-Time". Er fühlte sich geliebt und anerkannt, wenn er hundertprozentige Aufmerksamkeit bekam. Quality-Time ist ein in der Kindheit erfahrener Liebesbeweis. Dadurch war gewiss, dass seine Eltern ihn liebten. Die Spieleabende und sonstige Aktivitäten in Zweisamkeit waren für ihn die Basis, sich ausgeglichen den Herausforderungen des Lebens zu stellen.

Die gemeinsamen Ausflüge mit Christa waren für Tim Quality-Time – die ersten Jahre mit seinem Chef genauso. Sie arbeiteten viel zusammen und Tim genoss das fast freundschaftliche Verhältnis. Die Abteilung wuchs und der Chef hatte immer weniger Zeit. Außerdem konnte und wollte er Tim nicht mehr in alle Bereiche involvieren. Parallel dieselbe Entwicklung in der Beziehung. Die Kinder kamen und die Zeit der Zweisamkeit hatte ein Ende.

Für Tim war diese Erkenntnis erlösend. „Ich werde Christa sagen, was ich brauche und warum. Und dann werde ich vorschlagen, dass wir mindestens einmal pro Monat einen Tag am Wochenende nur für uns gestalten." Auf den Beruf bezogen sah er nicht sofort einen Weg. Wie weit konnte und durfte er sich seinem Chef öffnen? „Quality-Time", „Anerkennung", alles Begriffe, die im normalen Joballtag leider zu kurz kommen.

Ich fragte nach: „Welche Themen können nur von dir bearbeitet werden? Wo bist du anerkannter Experte?" Tim nannte mir drei Gebiete, bei denen die Abteilung und der Erfolg von seiner Expertise abhingen. Meine Analogie für ihn war: „Stelle dir die Spieleabende von früher vor. In der großen Familienrunde bekommt jeder nur einen Teil der Aufmerksamkeit. Das ist wie im Job. Zu vielen Themen gibt es viele Meinungen und unterschiedliche Experten. Volle Aufmerksamkeit wirst du in den drei Gebieten bekommen, die nur du beherrschst. Das ist wie das Kniffeln zu zweit mit deinem Vater."

Zwei Monate später erwähnte sein Chef mir gegenüber nebenbei, dass sich Tim verändert habe. Er würde viel konzentrierter und besser vorbereitet in die Besprechungen kommen. Es mache wieder richtig Spaß, mit ihm zu arbeiten. Tim selbst schrieb mir in einer E-Mail, dass Christa überrascht und dann erfreut auf seine Initiative reagiert habe – es sei wie ein zweiter Frühling in der Ehe.

Petra Gottesmann-Haag

Der Fisch stinkt vom Kopf –
Ein Unternehmer und die Mitarbeitermotivation

Im Folgenden schildere ich hierin den Fall eines Unternehmers, dessen Firma unter hoher Mitarbeiterfluktuation litt. Das kostete nicht nur viel Geld, sondern führte auch immer wieder zu Unterbrechungen bei der Umsetzung von Verbesserungen. Als der Unternehmer mir seine Probleme erzählte, schien es sich zunächst nur um die typische Problematik fehlender Anreizsysteme im Unternehmen zu handeln. Bei näherem Hinsehen stellte sich jedoch heraus, dass die Ursache eine ganz andere war ...

Bei unserer Vorbesprechung schilderte mein Geschäftspartner, der schon länger mit dem Unternehmer und seinen Mitarbeitern arbeitete, was er bisher unternommen hatte, um seinen Auftrag, die Senkung der Mitarbeiterfluktuation, zu erfüllen. Zahlreiche Gespräche zwischen den Führungskräften der mittleren und oberen Ebene hatten stattgefunden, Meetings zur Auffindung von Verbesserungspotenzialen wurden veranstaltet, Veränderungsprozesse wurden eingeleitet und durchgeführt – trotz allem war nicht festzustellen, dass sich das Klima im Unternehmen deutlich verbesserte. Die Mitarbeiter und Mitarbeiterinnen waren nach wie vor „angefressen" und gingen trotz intensiver Gespräche und zahlreicher Mediationsversuche immer noch nicht so miteinander um, wie sich alle das „Miteinander" und nicht „Gegeneinander" gewünscht hätten. Dabei war in den Einzelgesprächen zur Situationsanalyse immer wieder festzustellen, dass der jeweilige Mitarbeiter sich seines Verhaltens sehr stark bewusst war. „Ich konnte einfach nicht anders, es musste einfach raus. Ich weiß, dass ich nicht so gehandelt habe, wie wir das besprochen haben, aber es ging einfach nicht." Ähnliches hörte man immer wieder. Im Gesprächs- oder Zielkonflikt selbst konnten die Mitarbeiter ihre Reaktionen nicht kontrollieren. Und irgendwie wusste keiner so recht, warum.

Aus meiner langjährigen Erfahrung mit mittelständischen und inhabergeführten Unternehmen und Unternehmern ist mir bewusst geworden, dass man in solchen Situationen ganz oben, d. h. „beim Chef selbst", mit der Ursachensuche beginnen muss. Mittelständische Unternehmen spiegeln oft sehr stark den Führungsstil des Inhabers, seine moralischen Vorstellungen, seinen Lebensstil und seine Lebenskonzepte und Prägungen.

Also vereinbarten wir, dass ich mich intensiv um das Coaching und die Beratung des Unternehmers selbst kümmern und mein Partner weiterhin mit den Mitarbeiterinnen und Mitarbeitern arbeiten würde.

Am ersten Beratungstag traf ich mich mit Herrn Maier zu einem ersten Gespräch. Ich kam in die Firma und wurde in ein Gesprächszimmer geführt, dass mit sehr eleganten Möbeln eingerichtet und mit jeder erdenklichen Form von elektronischen Medien ausgestattet war. Die Sekretärin, Frau Schubert, bot mir verschiedene Sorten von Kaffee sowie Brezeln und Gebäck an. Der Tisch war reichlich gedeckt. Ich saß einige Minuten alleine – offensichtlich sollte mich die Umgebung beeindrucken, dann: Auftritt Chef.

Herr Maier stürmte erhobenen Hauptes, voller Energie und mit beeindruckendem Selbstbewusstsein in den Raum. Wir begannen unser Gespräch mit dem üblichen Smalltalk.

In der ersten Situationsanalyse denkt ein Berater oftmals daran, dass eine hohe Mitarbeiterfluktuation vielfach mit fehlenden Anreizsystemen im Unternehmen selbst zu tun hat. Die Mitarbeiter fühlen sich nicht ausreichend unterstützt, wollen vielleicht mehr Anerkennung und mehr Gehalt, verstärkt direkte und/oder indirekte Incentives und ein besseres Arbeitsumfeld und -klima im Unternehmen und unter den Kollegen selbst. Es gibt eine ganze Reihe von Gründen, die dazu führen können, dass Mitarbeiter nur relativ kurz im Unternehmen bleiben. Immer jedoch gibt es eine Hauptursache, die es zu finden gilt und deren Veränderung die Situation nachhaltig verbessert.

Nach einleitenden Worten wollte ich die persönliche Einschätzung der Lage durch Herrn Maier selbst erfahren und stellte ihm folgende Frage: „Herr Maier, warum, glauben Sie, ist die Fluktuationsquote unter den Mitarbeitern in Ihrem Unternehmen so groß? Bitte schildern Sie mir Ihre Sicht der Dinge und Ihre Analyse der Situation."

Interessanterweise sprach Herr Maier anschließend ausschließlich von den Mitarbeitern: „Da hatte ich doch wirklich diesen einen jungen Mann gefunden, der so gut ins Vertriebsteam passte, und schon war er wieder weg. Das war so schade und der finanzielle Aufwand hat sich gar nicht gelohnt", ihren Problemen untereinander: „Die Frauen, ich verstehe das nicht, immer wieder gibt es Probleme in diesem Bereich der Produktion, ich weiß auch nicht, warum es dort so schwierig ist", ihren Forderungen: „Immer wieder kommen sie mit neuen Ideen und wollen von mir die Genehmigung zur Bestellung einer neuen Maschine", die er nicht immer erfüllen konnte und wollte, von den Herausforderungen, die die Kunden an das Unternehmen stellten: „Ich hätte eigentlich gerne einen Ansprechpartner im Verkauf und nicht ständig wechselnde Verkäufer, denen ich meine Geschichte immer wieder neu erzählen muss", und wie die Mitarbeiter damit umgingen, den Lieferanten etc. Er war nicht zu stoppen.

Als ich ihn dann fragte, wie er sich dabei fühlte, entstand eine lange Pause. Es schien mir so, als hätte Herr Maier darüber noch nie nachgedacht. Seine erste Antwort war: „Nun, es gefällt mir natürlich nicht."

Ich führte ihn mit mehreren weiteren Fragen auf eine tiefere Gefühlsebene: „Eigentlich macht mich das furchtbar wütend." Da war es, das Gefühl für die Situation. Und es brach quasi aus ihm heraus, nachdem er zulassen konnte, dass er etwas fühlte. Er hatte sich bisher noch nie richtig bewusst gemacht, was er fühlte und wie er fühlte – und es hatte einige Zeit gedauert, bis wir dahin gekommen waren.

Zum ersten Mal fühlte er sich selbst – und *dachte* nicht nur an die Mitarbeiter, Kunden und Lieferanten. Damit konnte er plötzlich auch *fühlen*, wie sich die Mitarbeiter, die Kunden und die Lieferanten fühlten.

Darauf ließ sich aufbauen. Wir hatten plötzlich eine ganz andere Ebene, auf der wir miteinander kommunizieren konnten. Die Gespräche entwickelten sich spontaner und wir hatten intensive Dialoge über Mitarbeiterführung, Anreizsysteme in Unternehmen und die Theorie „Der Chef als Vorbild". Herr Maier machte in diesen Gesprächen die Erfahrung, dass er für sich selbst einen zusätzlichen Informationskanal geöffnet hatte, der ihm wichtige Informationen lieferte, an die er früher nicht herangekommen war – und auf die er unter keinen Umständen mehr verzichten wollte. „Wenn ich das alles nur schon viel früher entdeckt hätte, wie viel leichter wäre es doch gewesen und wie viel Ärger hätte ich mir erspart."

Seine Sekretärin, Frau Schubert, fragte mich irgendwann einmal: „Frau Gottesmann-Haag, wie haben Sie das gemacht? Jahrelang habe ich versucht, an ihn heranzukommen, aber ich hatte einfach keine Chance." Ich betonte, dass ich nicht aufgegeben hätte, solange zu bohren, bis endlich ein erstes Gefühl an die Oberfläche gekommen sei.

Viele andere Mitarbeiter fühlten früher wohl genauso wie seine Sekretärin und zogen es vor, das Unternehmen zu verlassen. Jetzt war es das Beste, es den Mitarbeitern zu überlassen, den gewandelten Chef zu erfahren und sich somit ihr eigenes Bild zu machen.

Nachdem wir also gemeinsam am Selbstbild des Chefs, am Selbstbild des Unternehmens (das ja durch den Chef maßgeblich geprägt wird) und an einem ausbalancierten Chef-Konzept bezüglich Beruf, Familie und Gesundheit gearbeitet hatten, gingen wir dazu über, zunächst die erste Führungsebene mit in unsere Gespräche zu integrieren, später auch weitere Mitarbeiter. Oftmals waren die bearbeiteten Themen beruflicher Art (z. B. ein neues Konzept für den Umgang mit Reklamationen, Verbesserungspotenziale im Bereich Kunden-Service, neue Mitsprache-Regelungen der Mitarbeiter bei Entscheidungen, die z. B. die Arbeitsplatz-Situation betreffen), aber es entwickelten sich auch ganz spontan private Gespräche über Themen (z. B. Umgang mit Überstunden, Gesundheitsprobleme, Bedürfnisse der Familie miteinander: „Was soll ich bloß meiner Frau sagen, weil ich schon wieder auf Geschäftsreise gehe?" Darauf Herr Maier: „Wissen Sie was, wenn Sie zurückkommen, versprechen Sie ihr ein Candle-Light-Dinner auf Kosten des Hauses!"), die in früheren Zeiten niemals im Beisein des Chefs besprochen worden wären.

Immer wieder konnte ich dabei feststellen, dass Mitarbeiter, die wir das erste Mal zu unseren Gesprächen einluden, sehr erstaunt reagierten ob des Wandels ihres Chefs – denn auch er ging immer wieder dazu über, die Mitarbeiter nach ihren Gefühlen zu fragen. „Es ist sehr wichtig, dass Sie sich über Ihre Gefühle im Klaren sind", hörte ich ihn immer wieder sagen. Die Gespräche wurden immer offener und alle beteiligten sich intensiv an den Überlegungen und Ideen, die anschließend mit deutlich größerem Engagement im Unternehmen umgesetzt wurden. Inzwischen war meine Anwesenheit nicht mehr notwendig. Ich blieb aber weiter im Kontakt, um die Fortschritte im Unternehmen zu verfolgen.

Die schwierigen Mitarbeiter, die sich mit diesem neuen Führungsstil nicht anfreunden konnten, verließen alle im nächsten halben Jahr das Unternehmen. Es blieb eine stabile Mannschaft, die noch heute mit weiteren, neu dazugekommenen Menschen erfolgreich arbeitet – und gemeinsame Feste feiert, bei denen sich alle wohl fühlen und bei denen die gegenseitigen Beziehungen vertieft werden.

Petra Gottesmann-Haag

Ein Business-Power-Seminar –
Ein schwieriger Mitarbeiter

Was tun, wenn Sie den Auftrag haben, mit einer Gruppe von 25 Menschen, die als Mitarbeiter eines Unternehmens auf unterschiedlichen Hierarchie-Ebenen zusammenarbeiten, eine neue Struktur zur Auftragsabwicklung zu entwerfen, diese als Projekt umzusetzen und in das Unternehmen zu implantieren – und einer schießt immer quer?

Die Einladungen für den Workshop waren verschickt worden. Von der Ehefrau des Unternehmers erfuhr ich, dass alle kämen. Einschränkung: Sie sagte: „Herr Meister kann erst am Vormittag des Workshops selbst anreisen und muss dann jeden Abend wieder nach Hause fahren (45 Kilometer), weil er seine Frau nicht alleine lassen könne und überhaupt, er wisse gar nicht, was das alles soll." Als ich fragte, was sie von dieser Aussage des Herrn Meister hielte, meinte sie: "Na ja, der ist halt schwierig und manchmal hat er seine Macken ..." Mehr konnte (oder wollte) sie mir nicht sagen.

Ich war etwas irritiert, hatte ich doch angenommen, dass dieses Seminar vom Unternehmer so geplant war, dass alle Führungskräfte den Freitag im Seminar verbringen und den Samstag zusätzlich bezahlt bekommen würden. Da ich die Teilnehmer jedoch schon aus einem früheren Workshop kannte, dachte ich mir dabei nichts Böses und ging davon aus, dass ich diese Ungereimtheit sicherlich während des Seminars ausbalancieren könne.

Wir begannen also am Freitagvormittag um neun Uhr mit einem lockeren Come Together mit Kaffee und Gebäck – wer jedoch fehlte, war Herr Meister. Das Seminar fing pünktlich um 9:30 Uhr an, und eine halbe Stunde später ging die Tür auf und Herr Meister spazierte mit einem muffeligen „Guten Tag" herein und nahm auf einem freien Stuhl Platz. Kein Wort der Entschuldigung, kein Anzeichen in seinem Verhalten, das darauf hindeutete, dass er sich bewusst gewesen wäre, sich der Gruppe und mir gegenüber durch seine Verspätung nicht korrekt verhalten zu haben.

Zunächst lief alles wie geplant und wir kamen in unserem Arbeitspensum gut voran. Herr Meister wurde von mir immer wieder angesprochen und arbeitete zwar etwas widerwillig, aber dennoch konstruktiv mit und fügte sich in die Gruppe ein.

Bis zu dem Zeitpunkt, als die Mitarbeiter kleine Gruppen von jeweils drei Personen bilden sollten. Ich erklärte, wie wir weiter vorgehen würden, und sagte: „Ziel dieser Aktion ist, mithilfe einer Prozesstechnik (bekannt als KVP = kontinuierlicher Verbesserungs-Prozess angelehnt an TQM-Prozesse) die einzelnen Stationen im Prozedere und Durchlauf eines Kundenauftrages im Unternehmen aufzugliedern und zu untersuchen. Die einzelnen Prozessschritte sollen mithilfe der KVP von den einzelnen Teams durchgearbeitet werden, um Zeitverluste, Kostenfallen und Steuerungsfehler zu erkennen und aufzudecken." Ich erklärte die einzelnen Schritte des KVP-Prozesses genau und was jeweils zu tun sei. Anschließend war dann an eine Zusammenführung der Ergebnisse gedacht, um im großen Team die einzelnen Erkenntnisse zu diskutieren und diese entsprechend den Erfahrungen und praktischen Tipps der betroffenen Mitarbeiter aufzugreifen und Veränderungen dafür vorzuschlagen, die eine Verbesserung des Gesamtergebnisses mit sich gebracht hätten. Das Gesicht von Herrn Meister verdüsterte sich immer mehr.

Plötzlich konnte er sich nicht länger zurückhalten und polterte los: „Das sehe ich nicht ein. Da mache ich nicht mit. Wozu soll das gut sein?" Ich hörte förmlich, wie allen Anwesenden der Atem stockte. Und jeder schaute mich an. Was tut sie jetzt? Wie reagiert sie darauf?

In dieser Lage ist es meiner Meinung nach das Beste, der Situation die Schärfe zu nehmen und zunächst weitere Emotionen zu vermeiden. Offensichtlich hatte sich bei Herrn Meister ein solches Maß an Überschaum gebildet, dass er sich einfach nicht mehr beherrschen konnte. Und es war mir lieber, es kam jetzt gleich zu einer Klärung der Situation, als weiterhin einen ständigen Störenfried im Raum zu haben, der das Klima vergiftete.

Hier galt es also, emotionslos und analytisch-dialektisch zu reagieren. Ich entgegnete folglich: „Sie meinen also, das hätte keinen Sinn. Gut, dann schlage ich vor, Sie sagen uns, wie wir stattdessen vorgehen sollen." Erst einmal folgte Stille.

Interessanterweise hatte sich Herr Meister außerhalb der Gruppe platziert. Alle anderen saßen im Halbkreis, ich stehend auf der Basislinie davor, Herr Meister außerhalb des Halbkreises abwartend, mit verschränkten Armen zurückgelehnt und halb wackelnd auf seinem Stuhl.

Ich dachte: exemplarische Körpersprache. Eigentlich mehr intuitiv machte ich mehrere Schritte auf das eine Ende des Halbkreises zu, schloss mich somit den anderen im Halbkreis an. Herr Meister hatte plötzlich eine Front gegen sich, saß alleine. Und alle schauten ihn an und warteten auf eine Antwort.

Damit hatte er nicht gerechnet und jetzt wusste er auf einmal nicht mehr, wie er mit der für ihn neuen Situation umgehen sollte.

Herr Meister ist im Unternehmen auch heute noch einer der kompetentesten Führungskräfte, ein Mann für die praktischen Fälle mit großer Fachkompetenz, aber auch mit großem organisatorischen Geschick und Übersicht in schwierigen Situationen. Er wird von allen Mitarbeitern sehr geschätzt und immer wieder um Rat gefragt, wenn sich Probleme andeuten. Aber hier wusste er nicht mehr weiter.

Also griff er das Nächstliegende auf: „So geht das doch nicht! Was soll das denn? Ich kann nicht erkennen, dass dies zu einem Ergebnis führt! Und wenn, dann nützt das doch nichts, denn wenn wir wieder im Betrieb sind, dann ist alles wieder ganz anders!"

Das war der Punkt, um den es ging. Er hatte ihn selbst ausgesprochen.

Mir war sofort klar, dass es ihm darum ging, keine unnötige Arbeit und Energie zu verschwenden, wenn – so glaubte er – alles sowieso umsonst wäre.

Es geht bei solchen Themen letztendlich um das verlorene Vertrauen, das man bei einem Menschen wiederherstellen muss, damit neue Hoffnung wachsen kann und sinnvolles, wirkungsvolles Handeln wieder möglich wird. Jetzt wusste ich auch, warum er dieses ganze Seminar quasi boykottierte und wieder nach Hause fahren wollte.

Ich fragte ihn, warum er das glaubte. So entwickelte sich eine rege Diskussion, dass der Chef des Unternehmens bisher nie bereit gcwcscn war, konsequent die Empfehlungen, die bei anderen Workshops dieser Art erarbeitet wurden, umzusetzen.

So fragte ich ihn schlussendlich: „Herr Meister, wenn ich Ihnen garantiere, dass wir gemeinsam einen Weg finden werden, dieses Alltagsproblem zu lösen, indem wir die einzelnen Arbeitsschritte so aufteilen, dass jeder Mitarbeiter am Verbesserungsprozess beteiligt ist und seinen Anteil dazu beiträgt, sind Sie dann bereit, unseren gemeinsamen Weg zu gehen und ihn zu unterstützen? Ich möchte, dass Sie uns allen die Chance geben, Verbesserungen zu finden und einzuführen – und ich wüsste keinen besseren Weg als diesen. Wir sind ja schon mittendrin!"

Inzwischen hatte sich der Halbkreis aufgelöst, einige Mitarbeiter waren während der Diskussion (an der ich mich weniger beteiligte) aufgesprungen und durch den Raum gelaufen, jeder hatte seinen eigenen Platz eingenommen und immer waren jetzt alle in die Runde integriert.

Die Frage der Aufteilung in Teams schien auf einmal spielend gelöst, jeder wusste, was zu tun war – und ich musste nur noch dafür sorgen, dass die KVP-Prozessschritte eingehalten wurden. Durch diese Diskussion war allen das gemeinsame Ziel noch viel klarer geworden und sie wussten, worauf sie hinarbeiten wollten.

Mir wurde mit dieser Gesprächsrunde klar, dass ich ein ernstes Gespräch mit dem Unternehmer selbst zu führen hatte, um sicherzustellen, dass die erarbeiteten Ergebnisse und die Erfahrungen auch tatsächlich später im Arbeitsalltag umgesetzt würden. Ich schilderte ihm offen diesen Eklat, aber auch die Folgen seines Verhaltens. Ich wusste, dass ich bei ihm auf offene Ohren stoßen würde.

Der weitere Seminarverlauf war äußerst harmonisch, geprägt von einer intensiveren Arbeitsatmosphäre und großem gegenseitigen Respekt. Wir konnten dem Unternehmer anschließend Ergebnisse präsentieren, die zu einer Umstrukturierung des Unternehmens bis hin zum Umzug einzelner Arbeitsplätze an neue Standorte führten.

Petra Gottesmann-Haag

Was sollen wir bloß mit Gregor machen? –
Ein despotischer Seniorchef

Diese Frage wurde mir gestellt, als ich wieder einmal bei meinem Kunden war, um die längst fällige Umorganisation verschiedener Prozesse im Unternehmen zu begleiten. „Alle beschweren sich, überall redet er mit, mischt sich ein – und versteht doch überhaupt nichts davon. Und außerdem hat er überhaupt keine Ahnung!" Wenn ich Ihnen jetzt sage, dass es sich bei Gregor um den Senior-Chef handelt, dann verstehen Sie sofort, wie prekär sich die Situation darstellte ...

Seit mehreren Monaten hatte ich immer wieder einen Beratungstag in diesem Unternehmen verbracht. Im Frühjahr und Herbst veranstaltete das Unternehmen regelmäßig intensive Themen-Workshops für die gesamte Belegschaft, jeweils mit unterschiedlichen Ansätzen.

So kannte ich alle Mitarbeiter und war über die augenblickliche Lage des Unternehmens informiert. Beim letzten gemeinsamen Workshop wurden der Umbau des Betriebshofes und die Umorganisation der Verantwortlichkeiten der einzelnen Mitarbeiter beschlossen. Immer jedoch stach Gregor, der Senior-Chef, als besondere Schwierigkeit hervor.

Plötzlich an einem Montagmorgen klingelte das Telefon und Frau Buschmann, die Frau des Unternehmensleiters, rief mich an.

Manfred Buschmann hat sein Unternehmen nach der Wende in Ostdeutschland gegründet. Das Unternehmen arbeitet mit zum Teil selbst entwickelten Technologien in einem spezialisierten Teil des Baugewerbes. Manfred Buschmann ist der kreative Kopf des Unternehmens, der auch die Fähigkeit besitzt, visionär neue Wege zu gehen und somit sein Unternehmen immer weiter voranzubringen. Im Unternehmen ist Sabine Buschmann zuständig für den gesamten Geldverkehr und die daran angrenzenden Bereiche. Außerdem hat sie durch die zentrale Positionierung ihres Arbeitplatzes im Gebäude ständig Kontakt zu allen Menschen, die das Unternehmen betreten – und ist deshalb sozusagen „am Puls der Firma". Sie ist informiert über jedes Wehwehchen einzelner Mitarbeiter und auch über Probleme der Mitarbeiter untereinander. Das Unternehmer-Ehepaar lebt im ans Betriebsgelände angrenzenden Mehrfamilien-Wohnhaus zusammen mit Manfreds Eltern. Dies hat in meinen Coaching-Sitzungen bereits dazu geführt, dass ich dem Ehepaar geraten habe, sich doch vielleicht zu überlegen, ob sie Lust darauf hätten, mal eine gewisse Zeitlang am Wochenende einen deutlich größeren Abstand zum Unternehmen zu suchen und sich räumlich neu zu orientieren.

Das Erste, was ich nun von Frau Buschmann hörte, war: „Dieser Gregor, jetzt habe ich es aber satt. Und nicht nur ich. Manfred und alle anderen auch. Am meisten aber leidet Herr Werner unter diesem Menschen." Ich ließ sie erst einmal zur Ruhe kommen und erzählen, bevor ich mich erkundigte, was eigentlich geschehen sei. „Er hat sich wieder beim Bauhof eingemischt. Alles, was wir besprochen haben, hat Herr Werner in der letzten Woche umgesetzt, den Bauhof neu umgeräumt, mit genau definierten Standplätzen der verschiedenen Maschinen und Bauteile – und wir kommen am Montagmorgen ins Büro und stellen fest, dass Gregor übers Wochenende verschiedene Material-Ersatzteile an die alten Stellen umgeräumt hat, gerade so, wie er es für richtig hält. Es ist unerträglich."

Um dem Problem die richtige Gewichtung zu geben, muss man wissen, dass Gregor ein alter, noch zu Zeiten der ehemaligen DDR pensionierter General war, der sich von nichts und niemandem etwas vorschreiben ließ. Schon gar nicht von seinem Sohn Manfred oder dessen Ehefrau oder gar von „irgendeinem dahergelaufenen Angestellten", so pflegte er sich auszudrücken. Das ging bis zu lautstarken Diskussionen mit den Mitarbeitern auf dem Betriebsgelände.

Noch schwieriger wurde die Situation dadurch, dass Gregor jegliche Teilnahme an Workshops oder anderen Mitarbeiter-Treffen verweigerte, bei denen neue Arbeitsaufgaben festgelegt wurden. Man konnte ihn nicht dazu bewegen, sich ins Team einzubringen – hätte man damit doch erreichen können, dass gemeinsame Beschlüsse auch von ihm getragen würden. So war er meistens weder über die neueste Entwicklung informiert, noch hätte er dieser zugestimmt. Er machte einfach, was er wollte, und alle mussten das dulden – eben so, wie er es seit seiner Armee-Zeit gewohnt war.

Manfred, als sein Sohn, hatte sich insofern völlig von seinem Vater zurückgezogen, als er sich durch sein Studium und den beruflichen Erfolg durch die Gründung seines Unternehmens zu Zeiten der Wende von der Familie unabhängig machte, sich immer wieder auf seine Kompetenz als Unternehmer berief und als kreativ visionärer Kopf des Unternehmens einen separaten Weg einschlug, dem der Vater nichts entgegensetzen konnte. Es gab zwischen den beiden keine Berührungspunkte; allerdings hatte der Sohn auch nicht die Chuzpe, sich gegen seinen Vater zu stellen, indem er ihm zum Beispiel in seinem Unternehmen gewisse Arbeiten zugeteilt hätte, andere jedoch verboten.

Da der Sohn Gregors Verhalten jahrelang geduldet hatte und keine Grenzen setzte, ging der Vater mehr und mehr dazu über, nicht nur die Familie zu tyrannisieren, sondern seine Aktivitäten auch auf die Firma auszudehnen. Es begann richtig schwierig zu werden, wenn Gregor z. B. mit schmutzigen Schuhen vom Bauhof einfach ins neue Büro der Verwaltung hineintappte, gewohnt, dass „frau den Dreck schon wegmachen würde". Sabine beschwerte sich bei Manfred, der weigerte sich, seinen Vater darauf anzusprechen – und so schaukelte sich die Situation mehr und mehr hoch, bis langsam auch noch Eheprobleme auftraten.

Der Höhepunkt war an diesem Wochenende gekommen, an dem Gregor die Arbeit einer ganzen Woche zunichte machte, und dann, darauf angesprochen, auch noch äußerte: „Wieso denn? Das war doch alles Unsinn. Da haben wieder mal die Schreibtisch-Täter dran gesessen, die sowieso von nichts eine Ahnung haben!" Manfred verschwand mit „wichtigen Terminarbeiten" in seiner Kreativ-Designer-Schmiede und Sabine stand alleine da mit Herrn Werner, den anderen Arbeitern und Gregor.

Dieser Situation musste ich nun gerecht werden.

Alle meine zahlreichen vorigen Versuche, Manfred zu bewegen, seinen Vater aus dem Unternehmen (und aus seiner Ehe mit Sabine) herauszuhalten oder Gregor selbst an der richtigen Stelle mit einer verantwortungsvollen Aufgabe ins Unternehmen einzugliedern, waren gescheitert, wurden entweder von den einen oder dem anderen boykottiert. Gregor wurde von allen als der teuflische Störenfried gesehen, den er auch mit Wonne spielte.

Warum? Er hatte keine hinreichend erfüllende Aufgabe mehr seit seiner altersbedingten Pensionierung. Die alten, jahrzehntelang eingeübten Programme in Gregor wirkten noch und machten ihn für seine Umgebung zur persona non grata. Jeglicher Einflussnahme von außen widersetzte sich Gregor konsequent – und geliebt wurde er noch nie, da spielte es jetzt schon gar keine Rolle mehr. Gesprächen wich er aus „muss jetzt gehen, hab was Wichtiges zu erledigen" und wenn man ihm eine Aufgabe zuteilte, dann erledigte er sie nur, wenn er Lust dazu hatte – „außerdem, ich bin ja kein Angestellter, der sich Anweisungen geben lassen muss!"

Es war eine grundsätzliche Veränderung der Situation mit einer kompletten Neuorientierung vonnöten. Am besten gar keine Teilnahme mehr von Gregor am Geschäftsleben – allerdings musste dann eine neue Aufgabe her, der er sich auch wirklich gerne verantwortlich widmen würde.

Ich vereinbarte mit Sabine: „Lassen Sie diese Situation los, atmen Sie tief durch, denken Sie an die Aufgaben, die Sie sich für heute vorgenommen haben, und arbeiten Sie munter darauf hin, diese heute mit Ihrer vollen Energie zu erledigen. Stellen Sie sich vor, wie Sie heute Nachmittag sehr zufrieden Ihren Schreibtisch aufräumen und nach Hause gehen." Wir hatten in einem vorherigen

Coaching-Gespräch schon einmal über Stress-Situationen und den Umgang damit gesprochen und dabei festgestellt, dass jeweils die Situation, auf die man sich konzentriert, sich verstärkt und dabei wächst. Und wenn ich mich auf „Ärger" fokussiere, dann wächst Ärger, wenn ich mich jedoch auf „Entspannung und Freude" fokussiere, dann wachsen Entspannung und Freude.

„Das Finden der Lösung für das Problem Gregor haben Sie ja jetzt an mich abgegeben. Ich werde eine für alle gemeinsam akzeptable Lösung finden, damit sich solche Situationen in der Zukunft nicht mehr wiederholen."

Wenn ich wirklich schwierige Aufgaben zu lösen habe, mache ich immer einen meditativen Spaziergang durch „meinen Wald". Ich genieße dabei die Stille, das Grün und lasse meine Gedanken fließen. Ich habe dann oft äußerst kreative Ideen, die mir schon einige Male neue Türen geöffnet haben.

So geschah jetzt genau das, worauf ich hoffte: Verknüpfung von Altem mit Neuem.

Mir „fiel" ein, dass Gregor früher, als General, immer Hunde hatte. Und heute hatte er keine mehr. Ersatz-Stellvertreter sozusagen, sowohl für die Familie, als auch für das Unternehmen bzw. die Mitarbeiter. Das war die Lösung!

Nachdem also meine sämtlichen Versuche, Gregor ins Unternehmen einzufügen, gescheitert waren, Manfred sich seiner Aufgabe als Unternehmer nicht annehmen wollte, seinen Vater aus dem Unternehmen entweder zu entfernen oder entsprechend anzuweisen, Gespräche nicht geführt werden konnten, schien mir die Idee mit den Hunden ein umsetzenswerter Ansatz zu sein.

Kaum zurück im Büro rief ich Manfred an und präsentierte ihm die Lösung. „Ihr Vater hatte doch immer Hunde, nicht?" „Ja, warum?" „Nun, ich denke, das könnte für uns die Lösung bedeuten ..." und erklärte meinen Gedankengang. Manfred folgte dem sofort und keine Stunde später war Sabine schon dabei, zwei Schäferhunde-Welpen von einem Züchter aus der Umgebung zu besorgen, die an Gregor übergeben werden sollten.

Im Unternehmen wurde die Losung „Stillhalte-Taktik" bis zum Tag X kommuniziert, weil wir alle davon ausgingen, dass Gregor anschließend nicht mehr allzu häufig im Unternehmen anzutreffen sein würde.

Es kam der Zeitpunkt der Übergabe der Hunde. Sie wurden von Manfred und Sabine an einem Wochenende als Dankes-Geschenk für die eifrige Unterstützung des Vaters im Unternehmen übergeben.

Auch hier reagierte er erst einmal ganz barsch: „Was? Für mich? Was soll ich denn damit?"

Manfred: „Nun, du hattest früher doch auch schon immer Schäferhunde. Und ich habe mir gedacht, dass es dir gefallen würde, wieder Hunde zu haben, die Hunde großzuziehen und mit ihnen auf den Hundeplatz zu gehen, um sie zu erziehen."

Es waren schlussendlich die Hunde, die das Eis und seinen Panzer durchbrachen: „Die sind aber wirklich beide sehr niedlich." (kaum ein paar Wochen alt!)

Viel später dann: „Aber dann habe ich ja gar keine Zeit mehr, dir im Unternehmen zu helfen ..."

Manfred darauf: „Och, weißt du, wir haben uns eh schon überlegt, dass wir einen neuen Mitarbeiter, einen Kfz-Meister einstellen, der die Maschinen überholen und warten kann. Er muss dann deine Aufgabe mit übernehmen."

Gregor wurde fortan nur noch selten auf dem Bauhof gesehen, meist führte er die jungen Hunde spazieren und fand erstaunlicherweise plötzlich freundliche Worte für die Mitarbeiter seines Sohnes.

Fazit: Ein geschickter Umgang mit den Stärken der Menschen bringt Erfolg. Versuchen Sie nicht zu sehr, die schlechten Seiten der Menschen zu verbessern, sie könnten weiter wachsen, wenn Sie sich zu sehr darauf fokussieren.

Suchen Sie lieber nach den guten Seiten! Schauen Sie diese genau an, verstärken sie diese so sehr, dass die schlechten weit genug in den Hintergrund treten. Irgendwann sind die dann nicht mehr so richtig festzustellen ... war da was???

Winfried Prost

Der Karatemeister –
Ein schwacher 52-jähriger Abteilungsleiter

Ein 52-jährigen Mitarbeiter zeichnete sich durch eine hohe Fach-kompetenz in seinem Spezialgebiet aus, war aber verbal und kommunikativ so beschränkt, dass er sein Wissen nicht an seine Kollegen weitergeben konnte. Mehrere Rhetorik-Seminare brachten keinen Erfolg. Schließlich und aus Sorge, dass die Firma von ihm als Sammler von Spezialwissen zu sehr abhängig werden könne, erwog man, ihm zu kündigen und ihn durch einen anderen Mitarbeiter zu ersetzen. Dann kam jemand aus der Personalabteilung auf die Idee, ihn zu einem meiner Seminare „Rhetorik und Persönlichkeit" zu schicken. Er hatte gehört, dass es mir häufig gelingt, vordergründige Verhaltensweisen als Ausdruck von hintergründigen Persönlichkeitsmustern zu verstehen und durch eine Veränderung innerer Einstellungen zu verändern.

Der Personalentwickler rief mich vor dem betreffenden Seminar an und erklärte mir, dass die Teilnahme an meinem Seminar gewissermaßen die letzte Chance sei, die man Herrn T. geben wolle. Wenn er nicht lerne zu kommunizieren, werde er seinen Arbeitsplatz verlieren. Das wisse er aber noch nicht, weil man ihn nicht zu sehr unter Druck setzen wollte.

Herr T. kam zum Seminar. Er war in der Tat schwierig, insofern er keinen Blickkontakt hielt, von sich aus eigentlich gar nicht sprach, seine eigene Vorstellung mit drei kurzen Sätzen abhandelte und in der ersten Präsentation nur leise und mit gesenktem Blick sprach. Er sagte von sich selbst, Reden sei noch nie seine Stärke gewesen, aber als IT-Spezialist brauche er das auch normalerweise nicht. Meine rhetorischen Empfehlungen griff er nicht auf.

Ich führte mit ihm wie mit allen anderen ein Einzelgespräch und erkundigte mich nach seiner beruflichen und privaten Situation sowie seinem bisherigen Lebensweg. Dabei erfuhr ich, dass er im Alter von 24 Jahren einmal deutscher Meister in einer Kampfsportdisziplin geworden war. Er erreichte damals einen höheren Meistergrad, war aber mittlerweile seit über 20 Jahren nicht mehr sportlich tätig.

Am nächsten Morgen griff ich die gewonnene Information über ihn in der ersten rhetorischen Übung auf und stellte ihm folgende Aufgabe: „Stellen Sie sich mit geschlossenen Augen vor die Gruppe und nehmen Sie die Haltung ein, die ein Meister des Kampfsports vor einem Kampf einnimmt. Öffnen Sie dann Ihre Augen und sprechen Sie zu uns, wie ein Meister zu seinen Schülern sprechen würde."

Herr T. ließ sich darauf ein. Er stellte sich breitbeinig vor uns hin und nahm seine Haltung ein. Als er dann zu sprechen begann, waren seine ersten drei Sätze noch etwas holprig, aber danach sprach er wirklich als Meister zu uns. Eine Teilnehmerin, die ihn am Tag vorher miterlebt hatte, sagte nachher in der Feedbackrunde zu ihm: „Mir haben heute die Tränen in den Augen gestanden, als ich Ihnen zugehört habe, Sie sind ja heute ein ganz anderer Mensch!" Tatsächlich vermochte er seine neue innere Haltung während der weiteren Übungen zu bewahren.

Neun Wochen später rief mich sein Chef an und meinte: „Sie haben ein Wunder vollbracht, das hätte ich nicht für möglich gehalten, dieser Mann kann jetzt klar und eindringlich sprechen. Was haben Sie nur mit ihm gemacht?" Ich freute mich über den stabilen Fortschritt und konnte berichten, dass ich diesem Mann geholfen hatte, seine längst schon einmal erfahrene Kraft wiederzufinden und diesmal nicht seine Karate-Hand, sondern seinen Mund daran anzuschließen. Es war gelungen, seinen Mund mit seiner Kraft zu verbinden.

Ähnliches gelang mir zwei Jahre später mit einem anderen recht übergewichtigen Mann mit erheblichen Minderwertigkeitsgefühlen. Ihm gab ich das Bild eines japanischen Buddhas als Metapher für seine Person und ermutigte ihn, Wesentliches zu sagen. Auch er konnte innerhalb eines Tages seine alte äußere Charakterform wie ein paar überfällige alte Schlangenhäute ablegen und eine neue Form mit einem reifen Persönlichkeitsausdruck gewinnen.

Das Prinzip hinter diesen Verwandlungen ist, dass Menschen in verschiedenen Ebenen oder Schalen wie Zwiebeln aufgebaut sind. Hinter der äußeren, oft für die eigene Identität gehaltenen Schale liegen andere Ebenen mit anderen Möglichkeiten.

Oft kann man Menschen auch für sich aufschließen, indem man sie in anderen Rollen anspricht: einen Chef oder Kunden als Landsmann, Familienvater, ebenfalls Selfmademan oder ebenfalls Island-Liebhaber. Sofort kann man sich auf einer anderen Ebene begegnen und anders miteinander kommunizieren.

Winfried Prost

Die Narbe als Wegweiser –
Ein schwieriger Chef

Wie sich Intuition in der konkreten Coaching-Arbeit auswirken kann, zeigt beispielhaft der folgende Fall, bei dem allein durch die intuitive Wahrnehmung eines scheinbar abseits liegenden Hinweises eine Problemlösung möglich war.

Ein Mann schilderte mir seine Situation etwa so: Er habe seit drei Jahren die Aufgabe, zehn Mitarbeiter zu führen, und bekomme ständig negative Rückmeldungen von seinem Chef. Obwohl er selbst meine, mit seinen Mitarbeitern einigermaßen gut zurechtzukommen, und außer mit einer Person keine Probleme sehe, hätte sein Chef ihn ein paar Mal sogar öffentlich gerügt. In einem Vier-Augen-Gespräch hätte sein Vorgesetzter gesagt, er hätte keine Aufstiegschancen.

Mein Gesprächspartner wirkte ratlos und unglücklich und wollte nun mit mir seine Führungskompetenz reflektieren und weiterentwickeln.

Während er seine Situation ausführlich schilderte, fiel mein Blick auf eine Narbe an seinem Arm. Ich mahnte mich zur Konzentration und hörte weiter zu. Aber zwei weitere Male zog es meinen Blick heftig und gegen meinen Willen zu dieser Narbe hin. Das war etwas anderes als ein Konzentrationsmangel. Mir schien eine Anziehungskraft von dieser Narbe auszugehen. Da meine Intuition mich schon häufig über unerwartete Wege zu einer Lösung geführt hat, wagte ich es, meinem Impuls zu folgen. Ich unterbrach seinen Redefluss und fragte ihn nach seiner Narbe. Mit einer wegwerfenden Handbewegung sagte er, die sei von einem Skiunfall. Ich war in Versuchung, wieder davon abzulassen. Einen Skiunfall kann schließlich jeder haben. Doch die Magie dieser Narbe ließ mich weiter nachfragen: „Was war das für ein Skiunfall?" Und dann erzählte er: Nachdem er vor drei Jahren in die Firma eingetreten sei, hätte ihn einer der hierarchisch weit über ihm stehenden Geschäftsführer eingeladen, am jährlichen gemeinsamen Winterurlaub der Geschäftsführer teilzunehmen. So sei er in den letzten drei Jahren jeweils im Januar zusammen mit den Chefs seiner Firma in Skiurlaub gefahren. Beim letzten Mal habe er dabei diesen Unfall gehabt. Da dämmerte mir und kurz darauf auch ihm, was zwischen seinem Chef und ihm ablief:

Sein Chef arbeitete schon seit 15 Jahren in dieser Firma und war noch nie zu diesem Winterurlaub eingeladen worden. Mein Gesprächspartner hatte also in Freude über die Einladung zu einer vermeintlichen Privatveranstaltung mehrere Hierarchiestufen übersprungen und bei seinem Chef dabei das Gefühl ausgelöst, übergangen und erniedrigt worden zu sein. Aus diesem Gefühl heraus versuchte der nun seit drei Jahren, seinen Mitarbeiter zu erniedrigen. Es gab also gar kein Führungsproblem meines Gesprächspartners mit seinen Mitarbeitern, sondern ein Spannungsfeld zwischen ihm und seinem Chef.

Ralf Schmidt

Chronische Unzufriedenheit –
Eine 39-jährige Managerin

Frau Völkert ist eine 39 Jahre alte Frau, verheiratet und hat ein Kind (4 Jahre). Der Start ins Berufsleben begann in einem Konzern, in dem sie schnell Karriere machte. Sie ist nun bei ihrem dritten Arbeitgeber beschäftigt und bekleidet dort eine Stelle als Direktorin (direkt berichtend an die Geschäftsleitung) mit Aussicht auf einen Posten in der Geschäftsleitung.

Frau Völkert geriet in eine tiefe Sinnkrise, nachdem sie ein Gespräch mit ihrem Vorgesetzten geführt hatte, welches einen ungeahnten Verlauf nahm. Zunehmend zog sie sich aus dem Freundes- und Bekanntenkreis zurück und verlor immer mehr an Lebensfreude, ohne dabei einen Ausweg aus der Situation zu finden. Auf Empfehlung eines Bekannten setzte sie sich darauf hin mit mir in Verbindung.

„Frau Völkert, was machen Sie, was man nicht outsourcen kann?" In der Stimme ihres Vorgesetzten lag ein Hauch von Wärme. „Nicht, dass Sie mich falsch verstehen. Mir geht es darum, Argumente zu sammeln, damit ich in der morgigen Präsentation Ihre Stellung verteidigen kann."

„Was für ein Hohn", dachte Frau Völkert. Soll es doch angeblich um ihre Unterstützung für das laufende Consultingprojekt einer international renommierten Beratergesellschaft gehen, an dessen Ende ihre wahrscheinliche Beförderung auf einen Geschäftsführerposten steht. Längst aber hatten sich über die letzten Monate immer größere Zweifel aufgebaut, die sich zunehmend tiefer in ihr Unterbewusstsein gruben. Zweifel über die seriösen Absichten ihres Vorgesetzten und des beauftragten Projektteams.

Was als informelles Gespräch über ihre derzeitigen Verantwortlichkeiten und die Aufgaben Ihrer Abteilung begonnen hatte, bekam nun plötzlich eine völlig neue Richtung.

Mir gegenüber beschrieb Frau Völkert den nun beginnenden inneren Konflikt wie folgt:

Nach kurzer anfänglicher Verwirrung spürte sie wieder die Magenschmerzen, mit denen sie bisher nur nach dem Aufstehen zu kämpfen hatte. Ihre bisherige innere Aufgeräumtheit wich zunehmend dem Gefühl des freien Falls. Es schien kein Halten mehr zu geben. An ihrer Loyalität gegenüber der Firmenleitung und den vorgegebenen Unternehmenszielen konnte es keine Zweifel geben. Umfang und Qualität ihrer geleisteten Arbeit übertrafen alle bisherigen Erwartungen – das zumindest hatte man ihr immer gesagt. Sie fragte sich nun, ob man sie in der Vergangenheit belogen hatte und welches Ziel damit verfolgt wurde. Starke Selbstzweifel kamen auf und verließen sie nicht mehr. Innerlich begann sie mit der fieberhaften Suche nach den Ursachen für diese Kehrtwende in der Einstellung ihres Vorgesetzten. Sie fand keine Antwort auf all die Fragen, die sich in ihr plötzlich aufdrängten. Immer mehr empfand sie eine tiefe Sinnlosigkeit in dem, was sie tat.

Die Schilderung dieser Situation mir gegenüber brachte Frau Völkert an die Grenze ihrer Belastbarkeit. In unseren Gesprächen tauchten immer mehr Bilder aus der Tiefe ihres Unterbewusstseins auf, die sie schon lange Zeit vergessen zu haben glaubte. Bisher schien keinerlei Zusammenhang zwischen ihnen zu bestehen, aber im Verlauf unserer Treffen gelang es mir, ihr die tieferen Zusammenhänge und deren Auswirkungen auf ihr Lebensumfeld zu entschlüsseln. Zunehmend wuchs in Frau Völkert die Erkenntnis, dass sie den bisherigen Weg nicht weitergehen konnte, ohne dauerhaft gesundheitlichen Schaden zu nehmen und einen schweren ehelichen Konflikt zu provozieren. Bei einem unserer Treffen griff sie diese Erkenntnis auf und konfrontierte mich mit einer Reihe von Fragen, auf die sie in der Vergangenheit keine Antworten finden konnte.

„Ich fühle mich so leer und empfinde keinerlei Freude mehr bei den Dingen, die ich unternehme. Das betrifft besonders meinen Beruf. Mittlerweile bekomme ich aber auch zunehmend Probleme mit meiner Familie!"

Besonders im Berufsleben stellte sich bei Frau Völkert über die Jahre eine zunehmende Frustration ein, die sich zunächst nur schwer erkennen oder gar begreifen ließ. Eher schleichend bemächtigte sie sich wie ein wachsender, dunkler Schatten zunächst ihres eigenen Unterbewusstseins und führte dann über die Jahre zu einer Vielzahl getroffener fauler Lebenskompromisse und den damit verbundenen schlechten Gefühlen. Dabei spielte es keine Rolle, ob die Kompromisse aus Gesprächen mit anderen Menschen, mit sich oder aus einer Situation hervorgingen. So verzichtete sie z. B. immer häufiger darauf, ihre Tochter zum Kindergarten zu bringen, um für wichtige Aufgaben früher im Büro sein zu können. Die Haushaltsführung war mittlerweile vollständig auf ihren ebenfalls berufstätigen Mann übergegangen.

Ich fragte sie: „Und jetzt? Wie gedenken Sie mit dieser Situation umzugehen?" „Ja, das frage ich mich auch! Wie soll es nur weitergehen? So will ich nicht leben. Ich sehe einfach keinen Sinn mehr in den Dingen, die ich mache, und ich habe keine Perspektiven."

Während bei Frau Völkert die Kompromisse sich vermehrten, wuchs das innere Spannungspotenzial. Besonders im Beruf geriet sie dadurch in permanente Konflikte mit Kolleginnen und Kollegen. Einen weiteren Auslöser stellte die langsam reifende Erkenntnis dar, dass sie in ihrem Leben an einem Punkt angekommen war, an den sie nie gelangen wollte – zumindest nicht als Ergebnis ihrer bewussten Entscheidung. Ich wollte von ihr wissen, ob sie darin etwas Bekanntes wiederfindet.

„Ja! Bei mir wächst das Gefühl, an einer Stelle in meinem Leben angekommen zu sein, an der ich immer größere Probleme mit meiner Unzufriedenheit bekomme. Ich habe seit einiger Zeit damit begonnen, nach der Ursache zu forschen. Ich finde, dass ein Großteil der Schuld in meiner beruflichen Situation und dem teilweise schwierigen Umgang mit meinen Mitarbeitern zu finden ist."

„Wie wichtig ist es für Sie, die Schuld einer Situation oder einer Person geben zu können?" „Oh, das ist für mich sehr wichtig. Ich bin davon überzeugt, dass ich zufriedener sein werde, wenn die Schuld geklärt ist! Dann kann ich mich darauf einstellen und etwas dagegen unternehmen."

„Verwenden Sie viel innere Energie auf die Schuldfrage?"

„Besonders in der Firma häufen sich die Situationen, in denen es Konflikte gibt und ich unzufrieden werde. Daher setze ich mich immer mehr damit auseinander, was die Ursachen dafür sein können. Natürlich kostet mich das Zeit und Kraft, die ich für andere Dinge sinnvoller verwenden kann. Aber es hilft mir, mit den Problemen besser klarzukommen."

Die Beschäftigung mit der Schuldfrage nahm bei Frau Völkert zunehmend Platz ein und erforderte zum Schluss ihre ganze Aufmerksamkeit. Damit wurde wertvolle Energie auf die Schuldfrage gelenkt, die ihr dann für andere Aufgaben oder Entscheidungen nicht mehr zur Verfügung stand. Zunehmend begann sie, sich mit anderen Dingen mehr zu beschäftigen als mit sich und dem sie unmittelbar umgebenden Umfeld. Ihr innerer Fokus wanderte nach außen – ein erster Schritt, der dazu führte, dass sie sich von sich selbst entfernte. Für mich stellte sich die Frage nach dem Erfolg, den Frau Völkert damit hatte.

„Wie erfolgreich waren Sie bisher mit diesem Vorgehen?"

„Wenn es mir gelang, den Auslöser zu finden, habe ich mit den betroffenen Personen ein Gespräch geführt – sofern es sich dabei um Probleme mit Kollegen handelte. In den meisten Fällen lief es dann besser."

„Damit ist es also für Sie wieder leichter und entspannter geworden?! Das klingt doch gut. Dann konnten Sie demzufolge also wieder zufriedener sein!"

„Leider nicht. Dieser Zustand hielt meistens nur eine begrenzte Zeit an. Entweder fiel alles danach wieder in den alten Zustand zurück oder es traten neue Probleme auf, die mich wiederum unzufrieden machten."

„Dann war der Zustand der Zufriedenheit immer nur von kurzer Dauer?"

„Mir ist es bisher nicht gelungen, die Zufriedenheit für eine längere Zeit zu erhalten. Zu häufig treten bei der täglichen Arbeit neue Situationen auf, die mir Probleme bereiten und die ich als Vorgesetzte lösen muss. Als würde ich mich im Kreis drehen. Und genau das ist ein Grund dafür, dass ich immer unzufriedener werde. Ich will nicht immer neuen Problemen hinterherjagen müssen, sobald eines gelöst ist. So langsam verliere ich meine Motivation."

„Wäre es möglich, dass sich daran nie etwas ändern wird, dass jederzeit neue Probleme auftauchen?"

„Genauso kommt es mir mittlerweile vor. Als wäre es einfach ein Normalzustand, dass es immer wieder ein neues Problem gibt. Das würde dann aber auch bedeuten, dass ich nie die gewünschte Zufriedenheit finde."

„Können Sie sich vorstellen, dass es auch andere Wege gibt, die Sie zu mehr innerer Zufriedenheit führen?"

„Wie meinen Sie das? Wenn mein äußeres Umfeld so funktioniert, wie ich mir das vorstelle, dann werde auch ich zufrieden sein. Kann es da noch andere Wege geben?"

Frau Völkert wurde bewusst, dass ihr Zustand der Zufriedenheit nie von längerer Dauer war und die Unzufriedenheit zurückkehrte, sobald neue Probleme auftraten. Ihre innere Zufriedenheit war wesentlich davon abhängig, dass die in ihrem äußeren Umfeld aufgetretenen Probleme innerhalb eines kurzen Zeitraumes gelöst und Schuldfragen geklärt wurden. Sie wendete damit den Großteil ihrer Aufmerksamkeit den Dingen zu, die in der äußeren, materiellen Welt lagen. Für sie war es bisher nicht vorstellbar, dass es auch andere Wege geben konnte, die zu mehr Zufriedenheit und Lebensqualität führten. Ich wollte von ihr wissen:

„Wie erscheint Ihnen die Möglichkeit, dass innere Zufriedenheit z. B. wesentlich beeinflusst wird von der Zufriedenheit mit sich selbst?"

„Das klingt für mich zunächst verständlich. Aber wie kann ich es erreichen, dass ich zufriedener mit mir selbst bin und damit meine Zufriedenheit insgesamt wächst?"

„Vielleicht hat ja die innere Zufriedenheit keine andere Quelle als die Selbstzufriedenheit?"

„Das würde dann aber auch bedeuten, dass ich mit meinem bisherigen Verhalten auf Dauer niemals erfolgreich sein würde. Eine schreckliche Vorstellung."

„Warum ist diese Vorstellung schrecklich?"

„Weil ich damit meine ganze Energie all die Zeit über in ein aussichtsloses Verhalten investiert hätte. Allerdings hat sich auch über die letzten Jahre nie eine langfristige Verbesserung eingestellt. Das ist mir schon immer merkwürdig vorgekommen. Letzten Endes habe ich es aber darauf geschoben, dass ich mich nicht genügend angestrengt habe."

„Und so haben Sie dann immer mehr Zeit, Aufmerksamkeit und Energie auf die Klärung der Schuldfrage verwendet."

„Oh ja, eine Menge Kraft habe ich da in der letzten Zeit investiert."

„Wann haben Sie sich das letzte Mal Zeit genommen, um etwas nur für sich zu unternehmen und alleine ein paar schöne Stunden zu verbringen?"

„Das ist schon sehr lange her. Schließlich bin ich ja beruflich stark eingebunden und habe meine Familie, für die ich auch da sein muss. Da bleibt einfach keine Zeit übrig. Aber es fehlt mir schon.

Und manchmal wünsche ich mich einfach ganz weit weg von hier. Nur weiß ich nicht, was ich da tun kann!"

In der Vergangenheit hatte Frau Völkert ihre gesamte Zeit aufgeteilt auf Beruf und Familie. Jede freie Minute wurde einem dieser beiden Themen gewidmet. Obwohl sich ihr Wunsch nach mehr Zeit für sich selbst immer wieder einmal meldete, schenkte sie diesem keine größere Aufmerksamkeit. Erst bei weiterem Nachfragen kristallisierte sich langsam heraus, dass sie mit dieser Situation nicht zufrieden war und dies über die Zeit hinweg zu einer massiven Unzufriedenheit geführt hat – eine Unzufriedenheit, die zu einem ständigen Begleiter wurde. Langsam gelang es Frau Völkert, die wahren Gründe der permanent vorhandenen Unzufriedenheit zu erkennen. Ich wollte nun wissen, was in diesem Zusammenhang ihr größter Wunsch ist.

„Was würden Sie am liebsten jetzt unternehmen?"

„Am liebsten würde ich einfach für ein paar Tage von hier verschwinden. Irgendwohin, wo ich weit weg bin von all diesen Sachen und einmal meine völlige Ruhe habe. Dann könnte ich Dinge tun, die ich schon immer mal machen wollte, aber für die nie Zeit war!"

„Und was hält Sie davon ab, das einfach mal zu machen?"

„Mein ganzes Umfeld. Ich habe doch schließlich auch Verpflichtungen! Was soll ich meinem Mann und meinem Kind erzählen? Das geht nicht so einfach."

„Haben Sie es bisher schon einmal versucht, mit Ihrem Mann über Ihre Situation und Ihre Wünsche zu reden?"

„Nein. Das habe ich mich bisher nicht getraut. Meine Angst ist zu groß!"

„Können Sie diese Angst näher beschreiben, die Sie davon abhält? Was könnte passieren, wenn Sie einmal das Gespräch darüber suchen?"

„Ich glaube nicht, dass mein Mann mich versteht. Es würde nachher so aussehen, als könne ich meine Aufgaben oder sogar mein Leben nicht bewältigen. Und das geht nicht. Außerdem hilft mein Mann auch eine ganze Menge im Haushalt mit. Ohne mich würde er das sicherlich nicht alleine schaffen. Unser ganzes Leben könnte dann zusammenbrechen.

„Ist Ihrem Mann schon etwas an Ihrem Verhalten aufgefallen?"

„Ja, er meinte erst vor kurzem wieder zu mir, dass er den Eindruck habe, wir würden uns voneinander entfernen."

„Wie haben Sie darauf reagiert?"

„Ich habe dies abgetan mit den Worten, dass er sich täuscht und dass ich seinen Eindruck überhaupt nicht teile. Aus meiner Sicht war alles in Ordnung und damit war dann dieses Gespräch für mich auch beendet."

Nur schwer gelang es Frau Völkert sich einzugestehen, dass ihre Kräfte langsam schwanden. Zunehmend fühlte sie sich daher mit Situationen, in denen von ihr Entscheidungen gefordert waren, überfordert – privat und beruflich. Doch selbst gegenüber der Person ihres größten Vertrauens (ihrem Mann) war es für sie unmöglich, über diesen Zustand zu sprechen. Die Angst davor, als Schwächling oder gar Versager dazustehen, war übermächtig. Hinzu kam die Sorge um das Kind verbunden mit der Erkenntnis, dass im Falle ihres Versagens das gemeinsam aufgebaute Leben in eine tiefen Abgrund stürzen würde. Dies alles führte zu einer wachsenden Gesprächsblockade, die es ihr immer schwieriger machen sollte, neue Klarheit zu gewinnen und Wege daraus zu finden. Nicht nur ihrem Mann gegenüber, sondern vor allem sich selbst gegenüber versuchte Frau Völkert die wachsende Erkenntnis zu leugnen, dass der bisherige Weg auf Dauer in eine Krise führt statt aus ihr heraus.

Sie bevorzugte es, den alten, bekannten Weg weiter zu beschreiten und den Mechanismus der Schuldfrage als Ausweg zu nutzen. Durch die stetig vorhandene Unzufriedenheit auf Grund fehlender Zeit für sich selbst verfing sie sich zunehmend in einer Abwärtsspirale. Als einen ersten Schritt in eine neue Richtung und damit die Umkehr dieser Abwärtsbewegung ist das offene Gespräch mit ihrem Lebenspartner zu sehen. Wenn er über die Situation informiert ist, kann er ihr hilfreich zur Seite stehen. Somit verringert sich auch das aufkommende Gefühl, man würde sich auseinanderleben. Es tritt an diese Stelle Verständnis und Vertrauen. Ich wollte nun wissen, ob das Vertrauen zu ihrem Mann so groß ist, dass sie einen neuen Weg einschlagen könne, und fragte sie:

„Wäre es auch möglich, dass Ihr Mann mit großem Verständnis reagiert und Ihnen seine Unterstützung anbietet?"

„Denkbar ist das."

„Können Sie sich an Situationen erinnern, in denen Ihr Mann Ihnen hilfreich zur Seite stand und Sie unterstützt hat?"

„Ja, da fallen mir sogar einige Situationen ein. Ich bin einmal sehr froh über seine große Hilfe gewesen, als ich in der letzten Firma eine schwere Phase hatte. Ich weiß, dass es ohne ihn für mich nicht gut ausgegangen wäre."

„Für mich klingt das nach einer guten Basis besonders für Ihre aktuelle Situation. Vielleicht unterschätzen Sie Ihren Mann auch. Wie sehen Sie das?"

„Wenn ich so darüber nachdenke, erscheint mir das vorstellbar. Wie konnte ich das übersehen?! Ich werde mir Gedanken machen, wie ich am besten mit meinem Mann darüber reden kann und ich meine Angst in den Griff bekomme."

Frau Völkert war so sehr gefangen in ihrer Situation, dass es ihr nicht in den Sinn kam, das Gespräch mit ihrem Mann zu suchen und gemeinsam an einer Lösung zu arbeiten. Sie setzte ihre ganze Energie dafür ein, selbst einen Ausweg zu finden. Erst als im

Rahmen unseres Gesprächs deutlich wurde, dass sie bereits in früherer Zeit Verständnis und Unterstützung durch ihren Mann erfahren hatte, öffnete sich eine neue, interessante Perspektive für sie.

Ähnlich wie Frau Völkert geht es einer wachsenden Zahl von Menschen, die sich in einem Phänomen gleichen: Gemeint ist ein wachsendes Ungleichgewicht zwischen dem beruflichen und dem privaten Lebensbereich mit der Folge steigender Unzufriedenheit. Die Work-Life-Balance ist aus dem Gleichgewicht geraten. Letzten Endes führt dieses Ungleichgewicht zu Unzufriedenheit im Leben, meist verbunden mit körperlichen Symptomen unterschiedlicher Art. Die Palette reicht von Kopfschmerzen über Schlaflosigkeit bis hin zu erheblichen Konzentrationsschwierigkeiten. Permanente Konflikte im näheren Umfeld sind allzu oft die Konsequenz, die zu wachsender Unzufriedenheit führen und einen inneren Druck aufbauen, die aktuelle Lage endlich wieder zu verbessern. Es entsteht eine Abwärtsspirale, die ohne Unterstützung durch eine andere Person nur schwer aufzuhalten ist. Eine bestehende Beziehung wird dabei besonders dann in Mitleidenschaft gezogen, wenn der Partner nicht mit in das Geschehen einbezogen wird. Dabei kommt das Gefühl auf, kaum noch am Leben des anderen teilzuhaben, und man beginnt, sich voneinander zu entfernen. Eine gute Möglichkeit, dies aufzuhalten ist es, das offene Gespräch mit dem Lebenspartner zu suchen und ihm somit gleichzeitig Vertrauen zu signalisieren. Von besonderer Bedeutung ist dabei, dass man in erster Linie von sich und seinen Schwierigkeiten erzählt und seinem Gegenüber mitteilt, wo er hilfreich unterstützen kann. Oft führt schon ein erstes Gespräch zu einer Entspannung innerhalb der Beziehung und trägt dazu bei, dass sich ein stabileres Gleichgewicht einstellt.

Ralf Schmidt

Burnout – Ein 51-jähriger Manager

Herr Weber ist 51 Jahre alt, verheiratet, hat zwei erwachsene Kinder und lebt mit seiner Frau alleine. In seinem Beruf ist er sehr engagiert (er hat häufig Urlaubstage dazu verwendet, berufliche Aufgaben zu bearbeiten), erfolgreich und genießt große Anerkennung sowohl bei seinem Chef als auch bei seinen Kollegen und Mitarbeitern. Vor einiger Zeit kam Herr Weber auf mich zu, nachdem er bemerkte, dass er mit seiner aktuellen Lebenssituation alleine nicht mehr zurechtkam. Er benötigte einen neutralen Gesprächspartner, der ihm half, seine aktuellen Lebensumstände zu ordnen und einen Gesamtzusammenhang zu erarbeiten.

„Letzte Woche wurde mir während einer Sitzung schlecht und ich habe den Raum daraufhin verlassen müssen. Nachdem ich einige Zeit an der frischen Luft verbracht habe, ging es mir einigermaßen gut. Allerdings hatte ich da auch wieder diese unerträglichen Magenschmerzen. Von meinen Gedächtnislücken in der letzten Zeit will ich gar nicht erst reden. Ich war gestern endgültig an dem Punkt angekommen, dass ich entschieden habe, mich für eine längere Zeit krankschreiben zu lassen. Es geht einfach nicht mehr. Ich kann nicht mehr.“

Schon seit längerer Zeit zeichnete sich während unserer Treffen ab, dass Herr Weber immer weniger Kraft fand, den täglichen Anforderungen seines Berufs nachzukommen. Seine Arbeit hatte ihm in den letzten Jahren immer weniger Freude bereitet. War sein Auftreten zuvor immer sicher und souverän, so wich es einer zunehmenden Unsicherheit. Immer häufiger schlichen sich Fehler in seiner Arbeit ein, die auch dem Kollegenkreis nicht verborgen blieben. Vereinzelt wurde er von Kollegen darauf angesprochen. Allerdings fühlte er sich nicht in der Lage, diese Gesprächsangebote anzunehmen, und ging den Gesprächen daher aus dem Weg.

Er begann sich zunehmend aus dem Kollegenkreis zurückzuziehen. Ich wollte wissen, wie er im privaten Umfeld damit umging.

„Haben Sie in Ihrem Freundeskreis schon einmal mit jemandem über Ihre Situation gesprochen?"

„Ja, mit meiner Frau habe ich schon viele Gespräche darüber geführt."

„Und wie hat sie darauf reagiert?"

„Sehr positiv! Ich habe bei ihr viel Verständnis gefunden. Wir konnten uns immer gut unterhalten und häufig hatte sie auch gute Ratschläge für mich."

„Wie sieht Ihre Frau die Entscheidung, dass Sie sich krankschreiben lassen?"

„Diese Idee kam von ihr. Nachdem sich in den letzten Wochen meine Gesundheit in vielen Bereichen erheblich verschlechtert hatte, fragte sie mich, wie lange ich noch meine Gesundheit ruinieren möchte. Ich wusste zunächst nicht, worauf sie hinaus wollte. Aber nach einem längeren Gespräch erkannte ich, dass sie mich weit besser einschätzen konnte, als ich es zu der Zeit vermochte. Sie schlug dann vor, dass ich mir eine längere Auszeit nehmen sollte, um zumindest meine Gesundheit nicht weiter zu schädigen. Es tat gut, eine solche Unterstützung zu erhalten!"

Herr Weber hatte das Glück, seine schwierige Situation mit seiner Lebenspartnerin besprechen zu können. Er traf dabei auf großes Verständnis und Unterstützung, was ihm merklich gut tat und ihn stärkte. Er fühlte sich dabei nicht alleine. Letzten Endes kamen von ihr auch die entscheidenden Tipps. So wurde sie für ihn zu einem echten Rückhalt. Er konnte mit ihr sich selbst und seine Einschätzungen reflektieren oder auch kritisch beleuchten. Für die zukünftigen Schritte, die er unternehmen wollte, waren damit in seinem privaten Umfeld wichtige Voraussetzungen von Stabilität und Verständnis geschaffen. Hier drohte also Herrn Weber kein zusätzlicher, kräftezehrender Konflikt.

Auf seinen Gesundheitszustand blickend erschien es mir sehr wichtig, dass er ein großes Maß an Ruhe und damit Zeit für sich selbst bekam. Herr Weber sprach von einem inneren Durcheinander und davon, dass er das Gefühl hatte, den Boden unter den Füßen verloren zu haben. Für ihn war über die letzten Jahre immer mehr der Sinn seines Schaffens und letzten Endes sogar der Sinn seines Lebens verschwunden. Hatte er sich zuvor mit großem Engagement in seinem Beruf eingebracht, verschwand seine Motivation nach und nach. Zuletzt war es so, dass er nicht einmal konkrete Gründe anführen konnte, die ihn in diese Situation gebracht hatten. Die Bedeutungslosigkeit seines Schaffens bereitete ihm große Probleme. Neuen Halt im Leben zu finden, war eines der wichtigsten Ziele. Ich bemühte mich daher, ihm neue Perspektiven aufzuzeigen und ihm die Wichtigkeit bewusst zu machen, im eigenen Tagesablauf Zeit für sich selbst einzubauen.

„Haben Sie schon eine Vorstellung, wie es nun weitergehen soll?"

„Mir ist klar, dass ich mich morgen von meinem Hausarzt krankschreiben lasse. Was ich danach mache, weiß ich nicht. Ehrlich gesagt ist das für mich auch nicht so wichtig. Ich habe einfach das dringende Bedürfnis, mich von allem zurückzuziehen – auch von den Menschen."

„Sie werden dann sicherlich viel Zeit haben, um mit Ruhe und Distanz über alles nachdenken zu können. Wie sehen Sie das?"

„Oh, das klingt wunderbar! Aber es erscheint mir momentan wie ein Luxus, den ich mir nicht leisten kann."

„Wie kommen Sie darauf?"

„Ich habe in der Vergangenheit immer alles für die Firma gemacht und intensiv vorbereitet. Es hat ja auch immer alles geklappt und sowohl meine Mitarbeiter als auch ich arbeiteten gut zusammen. Das war schon toll."

„Das klingt für mich auch nach einem sehr vollen Terminkalender!"

„Nun, Zeit für meine Freizeitaktivitäten blieb da kaum noch. Ich habe das auch immer weiter in den Hintergrund gestellt, bis ich schließlich sogar ganz auf meinen geliebten Musikunterricht verzichtet habe – Sie müssen wissen, dass ich seit Jahren ein begeisterter Geigenspieler bin. Ich habe darauf auch wirklich gerne verzichtet, da mir der Beruf ja großen Spaß gemacht hat – und mein Erfolg gab mir Recht."

„Gibt es noch weitere Aktivitäten, die Sie ausschließlich für sich ausüben – wie z. B. das Geigespielen?"

„Wenn ich so richtig darüber nachdenke, ist da nichts mehr. Den größten Teil meiner Freizeit habe ich der Arbeit geopfert."

„Wie geht es Ihnen damit?"

„Mir fehlt da eindeutig etwas! Ich würde schon sehr gerne wieder mit Geigespielen anfangen."

„Wäre dazu nicht eine gute Gelegenheit, wenn Sie in der nächsten Zeit zu Hause sind?"

„Stimmt. Das wäre eine gute Möglichkeit. Aber darf ich das denn so einfach machen, obwohl ich krankgeschrieben bin?"

„Warum sollte das nicht möglich sein?"

„Das sieht doch dann so aus, als würde ich mich nur von der Arbeit davonstehlen wollen, um meinem Hobby nachzugehen! Was sollen die Leute in der Firma von mir denken?!"

Herr Weber konnte sich nur schwer vorstellen, die Zeit seiner Krankschreibung für etwas zu nutzen, das ihm Freude bereitet. In ihm hatte sich eine sachlich unbegründete Angst festgesetzt, die es ihm regelrecht verbot, sich mit etwas zu beschäftigen, das ihm persönlich Freude machte. Zu sehr hatte er in der Vergangenheit seine Zeit ausschließlich in den Dienst externer Pflichten gestellt.

„Wie wichtig ist es für Sie, was die Menschen über Sie denken?"

„Das ist für mich sehr wichtig. Sie geben mir dadurch das Gefühl, das Richtige zu tun."

„Was bedeutet das für Sie?" „Es ist die Bestätigung dafür, dass ich eine gute Arbeit mache. Daraus ziehe ich den größten Teil meiner Motivation. Nur deshalb kann ich das alles überhaupt leisten."

Für ihn war es von größter Wichtigkeit geworden, das Bild, das seine Kollegen und sein übriges Umfeld von ihm hatten, positiv zu halten. Im weiteren Verlauf des Gesprächs wurde deutlich, dass er vor allem Angst hatte, dass über ihn schlecht gedacht wurde und er in der Firma an Ansehen verlieren könnte. Herr Weber definierte sich fast ausschließlich durch seine Tätigkeit und das berufliche Umfeld. Er zog nahezu ausschließlich aus der Bestätigung durch andere Menschen die Berechtigung für das, was er tat. So achtete er darauf, alles zu vermeiden, was diese Bestätigung in irgendeiner Form bedrohen konnte.

„Können Sie sich vorstellen, Bestätigung auch dadurch zu erhalten, dass Sie sich Zeit für sich und Ihre Interessen nehmen?"

„Sie meinen, wenn ich etwas nur für mich mache, gibt mir dies das gute Gefühl der Bestätigung?"

„Wie ging es Ihnen in der Zeit, als Sie so begeistert Geige spielten?"

„Das war ein tolles Gefühl. Mir ging es dabei richtig gut. Ich war danach sehr zufrieden und fühlte eine innere Ruhe."

Das tiefe Gefühl der Zufriedenheit bei Herrn Weber hatte viel damit zu tun, dass er seinem Bedürfnis große Beachtung schenkte. Es diente als eine Art Wegweiser zu seinem Selbst. Dadurch, dass er ihm folgte, entdeckte er immer mehr, wer er wirklich war und welche Lebendigkeit in ihm steckte. Er nahm sich Zeit für sich selbst und schenkte sich und seinen Interessen Beachtung.

„Wie hoch war zu dieser Zeit Ihr Arbeitspensum für die Firma?"

„Das war deutlich geringer als zum Schluss. Ich verbrachte täglich rund zwei bis drei Stunden im privaten Bereich. Und die Wochenenden waren fast komplett durch private Aktivitäten ausgefüllt. In dieser Zeit habe ich auch mit meiner Frau viele Sachen unternommen. Es war wunderbar!"

„Wenn sich das damals so gut angefühlt hat, hätten Sie heute nicht Lust dazu, das wieder zu erleben?"

„Ich hätte sogar große Lust dazu!"

„Wie werden Ihre Kollegen auf Ihre Auszeit reagieren?"

„Es wird sicherlich Betroffenheit herrschen, zumal wir vor ein paar Monaten eine ähnliche Situation mit einem anderen Kollegen hatten."

„Gab es damals Unterstützung für Ihren Kollegen?"

„Da er gesundheitlich gezwungen war, weniger zu arbeiten, haben wir eine Menge der notwendigen Arbeit freiwillig übernommen. Dazu wurden einige Projekte deutlich reduziert und umverteilt. Ich habe mich damals auch daran beteiligt. Aus meiner Sicht hatte er eine große Menge Freiraum gewonnen, was ihm merklich gut tat."

„Das klingt doch sehr positiv. Denken Sie, dass Sie eine ähnliche Unterstützung erfahren werden?"

„Nach meinen bisherigen Erfahrungen kann ich tatsächlich davon ausgehen. Das wäre natürlich eine große Hilfe für mich."

Herr Weber hatte bereits Erfahrungen in seinem Arbeitsumfeld gesammelt, die seiner Situation stark ähneln. Allerdings war dieses Wissen in seiner aktuellen Lage bisher nicht präsent. Er hatte die Reaktionen seiner Kollegen als sehr positiv erlebt und den betroffenen Kollegen selbst tatkräftig unterstützt. Die Erinnerung daran und die Bewusstwerdung dieser positiven Erlebnisse war eine zusätzliche Stärkung für ihn. Er brauchte kaum mit negativen Reaktionen zu rechnen.

Im privaten Bereich hatte Herr Weber bereits die Wichtigkeit erkannt, sich Zeit für sich und seine Interessen zu nehmen. Er verbrachte früher viel Zeit mit seiner Frau und seinem größten Hobby, der Musik, und wusste damit um die positiven Effekte, die eintraten, wenn er seinen Neigungen und Bedürfnissen nachging. Allerdings hatte sich im Laufe der Zeit seine Aufmerksamkeit immer mehr auf den beruflichen Bereich verschoben. Für Herrn Weber war es entsprechend immer wichtiger geworden, Aufmerksamkeit und Anerkennung von seinen Kollegen und Chefs zu erhalten. Er erkannte nun, dass er davon immer stärker abhängig geworden war und vernachlässigt hatte, sich und seinen Bedürfnissen ausreichend Beachtung zu schenken.

„Wie sehen Sie Ihre Situation vor diesem Hintergrund?"

„Mir ist deutlich geworden, dass ich in der Vergangenheit meine persönlichen Interessen zu sehr hinter den beruflichen Aufgaben zurückgestellt habe. Ich habe mich von deren Anerkennung für mein Engagement in der Firma mitreißen und beeinflussen lassen. Irgendwie bin ich da in einen Strudel geraten, der immer mehr von meiner Energie verschlungen hat. Ich habe mich nachher nur noch über meine Arbeit definiert. Mir ist jetzt klar geworden, dass ich mich dabei völlig vernachlässigt habe. Das konnte auf Dauer nicht gut gehen."

„Wie könnten jetzt die nächsten Schritte aussehen?

„Meinen persönlichen Interessen möchte ich wieder mehr Raum geben. Und ich möchte auch mehr Zeit mit meiner Frau verbringen. Wenn ich das jetzt betrachte, stelle ich fest, dass mir unsere gemeinsame Zeit zuletzt fast vollständig verloren gegangen war. Es ist für mich erschreckend festzustellen, wie ich das alles so übersehen konnte."

„Denken Sie, dass Ihnen die Umstellung leichtfallen wird?"

„Leicht wird es sicherlich nicht werden, obwohl mir jetzt viele Zusammenhänge bewusst geworden sind."

„Können Sie beschreiben, was es Ihnen schwermacht?"

„Ich habe das Gefühl, versagt zu haben. Und das steckt tief in mir."

„Warum denken Sie, dass Sie versagt haben?"

„Ich bin zum Schluss einfach nicht mit den gestellten Aufgaben klargekommen. Die anderen um mich herum haben es immer geschafft. Für mich wurde der Zwiespalt zwischen Anspruch und Können immer mehr zum Teufelskreis und ich bin schließlich zusammengebrochen und aus der Bahn geflogen."

„Sie sagten, dass eigentlich alle mit Ihrer Arbeit sehr zufrieden waren. Hat jemand bemängelt, dass Sie Ihr Arbeitspensum nicht schaffen?"

„Nein, es hat nie jemand etwas gesagt oder sich beschwert. Aber ich hatte immer stärker das Gefühl."

„Ist es früher schon einmal vorgekommen, dass Sie nicht alle gestellten Aufgaben geschafft haben?"

„Nein, das ist eigentlich nie passiert. Und wenn es einmal knapp wurde, habe ich mehr gearbeitet. Damit konnte ich das dann doch noch schaffen. Nur in der letzten Zeit ist das einfach zu viel geworden und ich bin nicht mehr dagegen angekommen."

Herr Weber war es gewohnt, seine Aufgaben immer selbst zu bewältigen und das aufkommende Arbeitspensum zu schaffen. Kurzfristige Spitzen fing er durch Mehrarbeit auf. In seiner Vorstellungswelt gab es nicht die Möglichkeit, etwas liegen zu lassen oder nicht zu schaffen. Mit der Zunahme seiner Aufgaben, die zu einem großen Teil durch ihn selbst ausgelöst wurde, sah er sich gezwungen, sein Arbeitspensum erheblich zu vergrößern. Da es sein eigener Anspruch war, die gestellten Aufgaben stets meistern zu können, wurde der Anstieg der Arbeitszeit zu einem Dauerzustand. Dass eines Tages seine Kraft erschöpft sein könnte und er demzufolge nicht mehr in der Lage sein würde, diesem Anspruch gerecht zu werden, war für ihn nicht denkbar. Nachdem er sich die zusätzliche Arbeitszeit zu Lasten seiner Freizeit und damit auch zu Lasten seiner Regenerierungsmöglichkeiten erkauft hatte, war es nur noch eine Frage der Zeit, bis die verbliebenen Energiereserven aufgebraucht waren. Leistungsabfall war die logische Konsequenz. Ohne sich des Energieverlustes bewusst zu sein, konnte Herr Weber seinen eigenen Ansprüchen nicht mehr gerecht werden, was dann in letzter Konsequenz zu dem Gefühl des Versagens führte.

Dieses Gefühl des Versagens ist für eine zunehmende Zahl an Menschen nur allzu vertraut. Meist sind es die eigenen, hochgesteckten Ansprüche, denen die betroffene Person nicht gerecht wird. Dazu kommt noch die hohe „Hürde des Nein-Sagens" gegenüber einem Auftraggeber oder dem eigenen Vorgesetzten. Auslöser ist hier oft die Angst, als nicht geeignet für die Aufgabe zu erscheinen. Schnell ist dabei ein düsteres Szenario von möglichen Konsequenzen im Falle des Ablehnens gemalt. Der Betroffene beginnt, sich selbst die Aufgabe in einem inneren Zwiegespräch zu „verkaufen" und mögliche Hinderungsgründe klein zu reden. Nachdem die Aufgabe dann angenommen wurde, richtet sich nahezu die gesamte Aufmerksamkeit und Energie auf die neue Aufgabe mit der Konsequenz, dass „alte" Aufgaben zunehmend vernachlässigt werden und ein Teil der Freizeit in Arbeitszeit umgewandelt wird. Langfristig entsteht ein zunehmendes Ungleichgewicht zwischen längeren Entspannungsphasen und Arbeitsphasen. Die innere Anspannung wächst und die Lebensqualität beginnt zu sinken. Am Ende steht ein Burnout.

Hier gilt es, dass der Betroffene – meist wird das nur mit einem externen Gesprächspartner möglich sein – sich der Hintergründe des Prozesses, in dem er sich befindet, bewusst wird und seine inneren Barrieren für das „Nein-Sagen" überwindet. Damit ist der erste wichtige Schritt getan, um wieder zu einem gesunden Gleichgewicht zwischen der äußeren Berufswelt und dem privatem Lebensbereich zu kommen.

Susanne und Carsten Gaede

Zusammenbruch –
Ein 44-jähriger leitender Angestellter

Herr Schmitz, ein sympathischer leitender Angestellter im Alter von 44 Jahren, kam wegen gesundheitlicher Beschwerden zu mir. Vor wenigen Wochen erlitt er, nachdem er von der Geburtstagsfeier eines Freundes zurückgekehrt war, einen Kreislaufzusammenbruch. Dabei stürzte er zu Boden und brach sich eine Rippe. Bei dem daraufhin folgenden Klinikaufenthalt mit zahlreichen Untersuchungen ergab sich kein Hinweis auf einen organischen Befund.

Herr Schmitz wurde aus der Klinik entlassen und war froh über das Ergebnis: Er war noch einmal glimpflich davongekommen! Er fühlte sich wohl, fast so, als wäre nichts gewesen …, wären da nicht die durch den Rippenbruch entstandenen Schmerzen und Bewegungseinschränkungen. Sie erinnerten ihn immer wieder an dieses markante Ereignis, das ihm einen so großen Schrecken eingejagt hat. Er konnte nicht dort weiterleben, wo er aufgehört hatte, konnte nicht so tun, als wäre nichts passiert. Diese Schmerzen „nagten" an ihm:

Hatte dieses Ereignis vielleicht irgendetwas mit seinem Leben, mit ihm ganz persönlich zu tun? Lief irgendetwas falsch? War nicht sein Vater gerade 44 Jahre alt, als er einen Herzinfarkt bekam und frühpensioniert werden musste?

Ein „Warnschuss" …?

Hatte er nicht schon lange überlegt, einmal in diese Coaching-Praxis zu gehen und sich gesundheitlich beraten zu lassen? Vielleicht war jetzt die richtige Gelegenheit dazu!

Kurz darauf rief mich seine Frau wegen eines Termins für ihn an. Als ich sie fragte, ob es denn auch der Wunsch ihres Mannes sei, zu mir zu kommen, bestätigte sie dies.

Als er eines Morgens, pünktlich zum vereinbarten Termin, entschlossen in unser Zentrum kam, begegnete mir auf den ersten Blick ein freundlicher, sehr sportlich erscheinender Mann mit ausgeprägtem Tatendrang. Auf den zweiten Blick erwies er sich als eine „harte Nuss", die es zu knacken galt.

Es zeigte sich, dass seine gesundheitlichen Probleme einerseits sehr eng mit großen beruflichen Schwierigkeiten verknüpft waren. Andererseits gab es aber auch auffällige Parallelen zum Leben seines Vaters, und es war wohl kein Zufall, dass es gerade der Vatertag war, an dem Herr Schmitz dieses einschneidende Ereignis erlebt hatte.

Da gab es also zwei wichtige Baustellen in seinem Leben, die zu bearbeiten waren und die beide großen Einfluss auf das Wohlbefinden von Herrn Schmitz hatten.

Herr Schmitz wurde als drittes Kind und einziger Sohn von insgesamt sechs Geschwistern geboren. Die Familie lebte im Haus der Großmutter väterlicherseits, die er als sehr dominant beschrieb. Bis zu ihrem Tod übte sie massiven und nachhaltigen Einfluss auf Herrn Schmitz' Vater aus. So verhinderte sie z. B. erfolgreich, dass dieser den Führerschein machte – ein Zeichen dafür, dass er nie selbständig werden durfte, aber auch selbst nicht die Kraft dazu hatte.

Für sie war er immer ihr „Kind", das viele Rollen zu erfüllen hatte: Da war sein Vater – der Großvater von Herrn Schmitz –, den er schon im Kindesalter verloren hatte. Da waren seine drei Brüder – die Onkel von Herrn Schmitz –, von denen einer als Kind verstorben, der zweite im Krieg gefallen und der dritte als junger Erwachsener gestorben war.

Doch waren die Folgen für Herrn Schmitz' Vater fatal. Er ertränkte seinen Kummer und seine Resignation im Alkohol. Ein von seinem ursprünglichen Wesen her liebenswürdiger Mann, ohne jede Lebenskraft, ohne jedes Durchsetzungsvermögen, völlig fremdbestimmt – so beschrieb Herr Schmitz seinen Vater.

Beruflich hatte sein Vater eine Ausbildung zum Triebwagenführer abgeschlossen. Routinemäßig wurde er zum Lokführer „befördert". Eigentlich wäre er selbst gern der Triebwagenführer in seinem Leben gewesen!

Sein Hobby war die Mitarbeit bei der Feuerwehr: Oft ist es einfacher, in Notsituationen anderen Hilfe zu leisten, andere Brände zu löschen, als im eigenen Leben diese Nöte und Brände zu erkennen und zu bekämpfen.

Seine berufliche und private Karriere waren schnell beendet: Mit 44 Jahren erlitt Herr Schmitz' Vater einen Herzinfarkt, wurde frühpensioniert und hatte damit auch ein „offizielles Alibi" für seinen Rückzug aus dem Leben mit der ihm aufgebürdeten Last der ständigen Bevormundung.

Herrn Schmitz' Mutter erkrankte mit ca. 50 Jahren an einem Nervenleiden. Sein Vater pflegte sie, soweit es möglich war, bis sie mit 70 Jahren verstarb.

Leider ist das Wissen von Herrn Schmitz über die Herkunftsfamilie seiner Mutter zu gering, um Rückschlüsse über die Ursachen ihrer Erkrankung ziehen zu können.

Der Vater von Herr Schmitz aber hatte sich unbewusst eine Frau gewählt, die gesundheitlich ähnlich schwer getroffen war wie er selbst und die damit sein eigenes Leid noch vervielfachte. Auch durch sie hatte er keine Chance, frei und selbstbestimmt zu leben. Sein Schicksal wurde somit noch untermauert.

Wie erging es Herrn Schmitz selbst in dieser Familie?

Als einziger Sohn setzten seine Eltern große Erwartungen in ihn. Einerseits „Hahn im Korb", war er doch andererseits starkem Leistungsdruck und einem ständigen „du musst" ausgesetzt, was sowohl seinen Hang zum Perfektionismus als auch sein relativ hohes Maß an Unterwürfigkeit prägte.

Herr Schmitz hat nur zu einer seiner Schwestern Kontakt. Er selbst hat „aus der Erfahrung mit seinen Schwestern heraus" erst mit 40 Jahren geheiratet. Die Ehe blieb kinderlos. Der Wunsch nach Kindern und Vaterschaft bestand nie: Sieht man, dass der Vater von Herrn Schmitz nie als Vaterfigur von ihm wahrgenommen werden konnte und dieser selbst wiederum seinen Vater bereits als Kind verloren hatte, so ist dies kaum verwunderlich, führt aber zum Aussterben seiner Linie und wird damit auf Dauer nicht wirklich befriedigend für ihn sein.

Gesundheitlich ging es Herrn Schmitz schon lange nicht besonders gut: Er leidet an Herz-Kreislauf-Problemen, hat zu hohen Blutdruck. Hier äußert sich körperlich der ständige seelische Druck, der schon in seiner Kindheit sehr ausgeprägt war und heute als Lebensmuster fortbesteht. Schon seit vielen Jahren trinkt er regelmäßig zu viel Alkohol und spült damit seine Probleme herunter, anstatt sie sich bewusst zu machen und deren Lösung anzupacken. Vor zehn Jahren trat nach exzessivem Alkoholgenuss ein schwerer Gichtanfall auf.

Zu viel Harnsäure lagert sich bei der Gicht in den Gelenken ab und führt zur entsprechenden Symptomatik des Gichtanfalls. Hier meldet sich die ganze „Säure des Lebens" der Generationen, die Herr Schmitz ansehen und verarbeiten, nicht aber mit Hilfe von Alkohol herunterspülen und überdecken soll.

Der Kreislaufzusammenbruch am Vatertag – wie sich später herausstellte auch nach Alkoholgenuss – war ein eindeutiges Warnsignal für Herrn Schmitz. Es war der Hinweis darauf, dass dringend Dinge in seinem Leben geändert werden müssen, um schlimmere gesundheitliche Störungen zu vermeiden. Die genaue Datierung auf den Vatertag wies zusammen mit den anderen aufgeführten Informationen sowie seiner starken Sympathie zum Vater darauf hin, dass diese Beziehung näher betrachtet und geklärt werden musste. Es wird deutlich, wie sich Schicksale über Generationen hinweg auswirken können.

Derartige Zusammenhänge wiederkehrender Schicksalsparallelen in aufeinanderfolgenden Generationen waren auch Gegenstand verschiedener wissenschaftlicher Untersuchungen. Erfahrungsgemäß besonders häufig findet man Schicksals- und Charakterwiederholungen zwischen den Großeltern- und Enkelgenerationen.

Herr Schmitz selbst war bewegt bei der Darstellung der genannten Zusammenhänge. Er konnte sie nachvollziehen, erkannte andere Zusammenhänge und deren Bedeutung für seine Gesundheit und sein ganzes Leben. Er setzte sich intensiv mit seiner Familiengeschichte, besonders mit dem Schicksal seines Vaters auseinander, und lernte damit, seine eigenen Wurzeln zu akzeptieren und zu würdigen sowie sich selbst vom Schicksal seiner Vorfahren zu distanzieren. Damit war die Tür offen für seinen individuellen Weg.

Die damit verbundenen Emotionen mussten nicht mehr hinuntergespült werden. Innerhalb kurzer Zeit war er in der Lage, seinen Alkoholgenuss deutlich zu reduzieren. Er musste abends nicht mehr trinken und schaffte es, die Alkoholmenge auch bei Feierlichkeiten auf ein gesundes Maß zu beschränken. Es traten auch keine Gichtanfälle mehr auf.

Sein Lebensmuster des Sich-unter-Druck-Setzens und des Fremdbestimmtseins äußerte sich vor allem im Berufsleben. Als Kind wünschte sich Herr Schmitz, Triebwagenführer wie sein Vater zu werden. Als Jugendlicher absolvierte er eine kaufmännische Ausbildung.

Zum Zeitpunkt unseres Kennenlernens war er in der Geschäftsprozessoptimierung einer Firma tätig. Er hatte sich einen Beruf gewählt, der ihm zumindest ursprünglich die Sicherheit bot, nach der er sich immer gesehnt hat.

Damit hätte er in gewissem Sinn der Triebwagenführer seiner Firma sein können. Doch auch bei ihm – ähnlich wie bei seinem Vater – lief es anders, als er es sich gewünscht hatte.

Nach einigen Wochen traf ich mich noch einmal mit Herrn Schmitz, um mit ihm die Konstanz seiner gesundheitlichen Erfolge zu beobachten und auf seinen Wunsch hin diese durch eine Beratung zur gesunden Ernährung sowie zur sportlichen Betätigung zu stabilisieren.

***

Ich saß einem Mann gegenüber, der den Wunsch hatte, seine berufliche Situation zu verändern. Er arbeitete als leitender Angestellter in einem mittelständischen Unternehmen im Sauerland, wo er geboren war. Als er in diesem Unternehmen vor ca. fünf Jahren anfing, nahm er sich vor Ort eine kleine Wohnung, da sein Arbeitsort knapp 150 Kilometer von seinem Wohnort entfernt war. Sein Arbeitsort lag ganz in der Nähe seines Geburtsortes.

So fuhr er im Normalfall nur am Wochenende nach Hause und ab und zu auch einmal während der Woche. Somit investierte er viel Zeit und Geld in die neue Arbeitsstelle, da sie ihm gute Zukunftsperspektiven versprach und finanziell lukrativ war. Herr Schmitz engagierte sich sehr, optimierte als Projektleiter Geschäftsabläufe im Unternehmen, machte gute Vorschläge und strebte eine bestimmte, noch verantwortlichere Position im Unternehmen an. Diese wurde jedoch von der Geschäftsleitung mit einer anderen Person besetzt, die zu dem Geschäftsführer privaten Kontakt hatte. Da die meisten Projektaufgaben von Herrn Schmitz nahezu abgeschlossen waren, bot man ihm zusätzlich im Unternehmen eine andere leitende Aufgabe an, die zwar mit disziplinarischer Personalverantwortung von ca. zehn Mitarbeitern verbunden war, im Unternehmen jedoch als Abschiebeposten galt. Mit „Bauchschmerzen" sagte Herr Schmitz seinerzeit zu. Wie er mir sagte, hat er nicht um seine Wunschstelle gekämpft, weil das ja sowieso aussichtslos gewesen wäre. Der auf Sicherheit bedachte Herr Schmitz blieb seinem Unternehmen treu. Seine neue Aufgabe führte er gewissenhaft aus, aber selbst im Hinblick auf seine Personalverantwortung hatte er nicht die hundertprozentige Rückendeckung der Geschäftsführung.

Nachdem er sich in seiner am Arbeitsort angemieteten kleinen Wohnung immer unwohler fühlte – mit seinen Alltagsproblemen war er abends alleine –, kündigte er diese Wohnung und pendelte ab diesem Zeitpunkt täglich von seinem Wohnort zu seinem Arbeitsplatz und zurück. Man kann sich leicht vorstellen, wie motivierend für ihn die Fahrt zu seinem Arbeitsort war und wie gerne er jeden Morgen zu Hause geblieben wäre. Außerdem war es anstrengend, jeden Tag knapp 300 Kilometer mit dem Auto zu fahren.

Der von meiner Frau geschilderte Kreislaufzusammenbruch und die daraus resultierende Verletzung machte Herrn Schmitz so richtig bewusst, wie sein Arbeitgeber ihn über Jahre behandelt – ihn quasi ignoriert hat und es ihm unmöglich wurde, noch einmal an seinen Arbeitsplatz zurückzukehren. Er konnte sich nicht einmal vorstellen, noch einmal seinen Geschäftsführer zu kontaktieren. Seine innere Stimme sprach Klartext mit ihm, sein Verstand machte ihm bewusst, dass er eine sichere und gut dotierte Stelle aufgeben würde. Es dauerte eine ganze Weile, bis er seine Kündigung schrieb, schließlich lag sie auf seinem Schreibtisch und lag und lag und lag ... In Begleitung seiner Frau warf er dann nach mehreren Wochen die Kündigung in den Briefkasten. Das berufliche Sicherheitsbedürfnis ist beispielhaft für viele Menschen, die sich in ähnlichen Situationen befinden. Der gesundheitliche Preis hierfür ist oft sehr hoch.

Kurz bevor ich Herrn Schmitz zum ersten Mal begegnete, hatte er bereits mit einem ehemaligen Vorgesetzten gesprochen, der ihm einen Kontakt zu einem Unternehmensberater vermittelt hatte. Da dessen Unternehmen in Turbulenzen geraten war, suchte er einen neuen Mitarbeiter, der ihm teilweise auf Provisionsbasis zuarbeiten sollte.

Herr Schmitz traute sich jedoch nicht, dem Unternehmensberater seine Gehaltsvorstellungen zu nennen, da er bisher sehr gut verdiente und nicht weniger verdienen wollte. Das Thema „Finanzielles" zögerte er bis zur letzten Möglichkeit hinaus, da er nicht zu fordernd sein wollte. Bei dieser Verhaltensweise spielt das Thema „Unterwürfigkeit" von Herrn Schmitz eine Rolle. Er geriet an einen Berater, der seinen Hauptsitz in der Nähe seines Wohnorts hat, seine Filiale ganz nah an seinem bisherigen Arbeits- bzw. Geburtsort im Sauerland. Herrn Schmitz Unterbewusstsein scheint offensichtlich ganz eng mit seiner sauerländischen Geburtsregion verbunden zu sein, so dass er seinen bisherigen Arbeitsplatz dort gewählt hat und auch der potenzielle Geschäftskontakt ihn wieder in diese Region zu führen schien.

Hätte er das finanzielle Thema sofort angesprochen, hätte er sich viel Zeit und Überlegungen ersparen können.

Herr Schmitz war ein sehr harmoniebedürftiger Mensch. Obwohl es sein Wunsch war, nach Absenden seiner Kündigung die Geschäftsführung nicht mehr persönlich zu sehen, ließ er sich nach mehreren Anrufen des Personalleiters seiner Firma trotz zunächst vehementen Abwehrens doch darauf ein, an seinen bisherigen Arbeitsort zu fahren. Die angebliche Zielsetzung seiner Vorgesetzen war es, sich persönlich von ihm zu verabschieden und in Frieden mit ihm auseinander zu gehen. Da Herr Schmitz wusste, dass er das Gespräch mit zwei Personen führen sollte, erklärte er sich zu dem Gespräch nur bereit, wenn seine Frau dabei sein durfte. Für ihn schon ein Fortschritt, denn bei früheren Begegnungen wäre er allein dorthin gegangen und hätte sich auf eine 2:1-Situation eingelassen. Herr Schmitz erhoffte sich von dem Gespräch u. a. eine sofortige Freistellung von seiner Arbeit, da er noch nicht arbeitsfähig war. Der Arbeitgeber sprach dieses Thema von sich aus nicht an und Herr Schmitz wollte dies aus atmosphärischen Gründen nicht thematisieren. So gingen die beiden Parteien zwar freundlich auseinander, es blieb jedoch somit bei einem Gespräch, das Herr Schmitz nicht als Gewinner verlassen hat. Seine im Nachhinein der Geschäftsführung vorgetragene Bitte auf sofortige Freistellung blieb ungehört.

Trotz vieler Jahre guter Arbeit für sein Unternehmen wurde Herr Schmitz erneut völlig ignoriert.

Nach dieser Situation fand unser nächstes Gespräch statt. Erst jetzt wurde ihm richtig bewusst, wie andere Menschen immer wieder mit ihm umgingen, dass er dies zuließ und er immer wieder fremdbestimmt war bzw. sich nicht durchsetzen konnte. Sein selbst gesetztes Ziel: Endlich einmal richtig wahrgenommen und gewürdigt zu werden!

Herr Schmitz erkannte seine ungünstigen Lebensmuster und war bereit, sich von diesen zu lösen. Schon beim Bewerbungstraining trat er deutlich selbstbewusster auf. Als Ritual verbrannte er Unterlagen, die mit negativen Dingen der beruflichen und privaten Vergangenheit zu tun hatten.

Im Gegensatz zu seinem Vater hat Herr Schmitz das Glück gehabt, dass sein gesundheitlicher Warnschuss glimpflich verlief und es ihm mit unserer Unterstützung gelang, markante Lebensmuster wie z. B. das Streben nach einem Maximum an Sicherheit, zu zertrennen.

Inzwischen hat er nach einigen Monaten der beruflichen Unklarheit erfolgreich Neuland beschritten und ist wesentlich ausgeglichener und zufriedener als vorher.

Menschen wie Herr Schmitz entfalten oft nicht ihre Talente, die sie haben. Außerdem sind sie oft angepasst. Dieses Beispiel soll jeden Leser, der sich jetzt selbst angesprochen fühlt, ermutigen, sich von Lebensmustern wie Sicherheit zu trennen um neu frei zu werden. Dieses Änderungsverhalten trägt nachhaltig zu wesentlich mehr Gesundheit bei.

Winfried Prost

Hierarchische Enttäuschung –
Eine Frau und ihr gleichaltriger Chef

Ein sympathischer 36-jähriger Mann kam zu einem Führungsseminar zu mir und erklärte gleich zu Beginn, dass er komme, um ein spezielles Führungsproblem zu lösen, das er mit einer Mitarbeiterin habe. Er arbeite nun seit vier Jahren mit ihr zusammen und habe keine Fortschritte im Umgang mit ihr erreichen können. Sie sei immer wieder unzufrieden und launisch, sei äußerst leicht gekränkt und entwickle sich trotz seines geduldigen Bemühens nicht in Richtung selbständiges Arbeiten. Er selbst schätze sich als sehr teamorientiert ein und halte seinen Führungsstil für äußerst kooperativ. Er wünsche sich selbständige Menschen um sich herum, sie aber wolle ständige Anweisungen von ihm.

Mein Gesprächspartner machte auf mich den Eindruck, intelligent, open minded, flexibel und sehr angenehm im Umgang zu sein, sodass ich mir nur schwer vorstellen konnte, dass er mit irgendjemand nicht klarkommen könnte.

Wir gingen der Sache auf den Grund. Was er denn über seine Mitarbeiterin wisse? Er berichtete, sie habe nach längerer Pause seit kurzem einen deutlich älteren Partner. In ihrer früheren Beziehung sei sie sehr von ihrem damaligen Partner gequält und schließlich auch über längere Zeit betrogen worden.

Der Hinweis auf den älteren Partner sowie ihre Schwierigkeit, sich vom vorherigen Partner trotz der offenkundigen Kränkungen zu trennen, ließ mich vermuten, dass sie unterschwellig einen nicht aufgelösten Konflikt mit ihrem Vater mit sich herumtrug. Ich fragte also, ob mein Gesprächspartner davon irgendetwas wisse. Sofort antwortete er: „Sie hatte keinen bzw. hat ihn nie kennengelernt."

Auf diesen Informationen ließ sich eine Hypothese erstellen: Der derzeitige deutlich ältere Partner bot sich als positiver Ersatzvater an, an den früheren fühlte sie sich übermäßig gebunden, wie ein Kind an seine Eltern, und konnte sich deshalb nicht trennen. Von ihrem kooperativen Chef erwartete sie mehr dominantes Verhalten, das ihren Vorstellungen vom Verhalten eines Vaters entsprach. Da er ihr das nicht bot, war sie orientierungslos, fühlte sich nicht genug wahrgenommen und geliebt und projizierte ihre inneren Gefühle in die Situation, in der nach ihrer Auffassung die Chefrolle nur von einem Vatertyp hätte besetzt sein dürfen.

Als ich meinem Gesprächspartner diese Hypothese darlegte, grinste er mich an und sagte: „Das trifft es zu hundert Prozent, und Sie werden lachen, ich habe selbst meinen Vater auch nicht gekannt und bin nun wirklich kein Vatertyp."

So hatten wir nun die Situation analysiert, aber wie war damit nützlich umzugehen, um die Beziehung zu verbessern? Ich schlug Herrn P. vor, seiner Mitarbeiterin unsere Vermutung, dass sie von ihm als ihrem Chef ein vaterähnliches Verhalten verlange, mitzuteilen und dies an ein paar Beispielen aus der Zusammenarbeit zu verdeutlichen. Dann solle er darauf hinweisen, dass er nicht ihr Vater sei, dass er im Gegenteil etwa gleichaltrig mit ihr sei, eher also wie ein Bruder oder Freund.

Herr P. führte dieses Gespräch mit seiner Mitarbeiterin. Sie verstand auf Anhieb, was da ständig zwischen ihnen abgelaufen war, und beide freuten sich miteinander über die gewonnene Erkenntnis. Der Mitarbeiterin gelang es dann problemlos, ihren Chef in einem neuen Rollenbild als kooperativen Partner zu sehen, und die Zusammenarbeit verlief fortan reibungslos. Auch ihr gesamtes Stimmungsbild hielt sich stabil im positiven Bereich.

Susanne Gaede

Verletzt, gemobbt und voller Sehnsucht – Eine Angestellte Mitte 50

Frau Anders, eine Frau Mitte 50, rief mich eines Tages völlig verzweifelt an, um einen Coaching-Termin zu vereinbaren.

Die selbstformulierten Ziele ihrer Arbeit bei mir waren, sich selbst besser verstehen zu können, aktuelle Probleme besser in den Griff zu bekommen sowie die „unverarbeiteten Baustellen" ihrer Vergangenheit aufzulösen.

Pünktlich kam sie zu unserem ersten vereinbarten Termin: Eine zierliche, freundliche Frau, korrekt und modisch gekleidet, extrovertiert, aber wenig selbstbewusst wirkend und sichtlich froh darüber, den ersten Schritt endlich gegangen zu sein.

Gleich zu Beginn unseres Gesprächs beklagte sie, dass ihr Selbstbewusstsein „völlig im Keller" und sie selbst „völlig fertig" sei. Das sei vor allem die Folge ihrer beruflichen und privaten Situation.

Frau Anders arbeitet seit vielen Jahren als Angestellte in derselben Firma. Vor einigen Jahren hatte sie wegen Mobbings durch ihre Kollegin und durch ihren Chef die Firmenfiliale gewechselt. Es war ein Wechsel vom Regen in die Traufe, denn auch hier traten persönliche Differenzen zwischen ihr und einigen Kolleginnen auf, die ihr den Berufsalltag erschwerten. Sie empfand die Ablehnung und Ignoranz gegenüber ihrer Person und ihrer fachlichen Kompetenzen. Frau Anders reagierte verletzt und mit Rückzug. Sie erledigte ihre Arbeit so gut es unter den gegebenen Bedingungen möglich war, war jedoch mit der Situation, mit sich selbst und ihren Arbeitsergebnissen sehr unzufrieden.

„Wie kann es sein, dass mir das schon wieder passiert?" – das war die Frage, auf die sie keine Antwort wusste.

Privat lebt sie seit vier Jahren mit einem neuen Partner zusammen. Mit dieser Beziehung ist sie zufrieden. Zuvor war sie 23 Jahre verheiratet. Erst nach 20 Jahren Ehe stellte sie fest, dass ihr Mann sie über all die Jahre mit anderen Frauen betrogen hatte. Die endgültige Trennung zog sich über lange Zeit hin.

Kinder aus dieser Beziehung gibt es nicht. Traurig blickte Frau Anders auf ihre Kinderlosigkeit, doch versuchte sie die Traurigkeit zu verdrängen. Nur kurz erspürte sie sie in Form von Neid, als eine ihrer Schwestern wiederholt schwanger wurde.

Ihren neuen Partner beschrieb Frau Anders als verständnisvoll, herzlich und sehr einfühlsam. „Er braucht mich als Stütze" – denn auch er kannte das Thema Mobbing schon zu gut.

Frau Anders litt über viele Jahre an verschiedenen Erkrankungen und die Gefahr von Lähmungserscheinungen beeinträchtigten sie sehr. Einige Monate vor unserem Kennenlernen hatte sie die Osteopathie als eine ganzheitliche Therapierichtung entdeckt, die ihr sehr half.

Sich selbst beschrieb Frau Anders als offen, gutmütig, teilweise naiv. Sie habe ein gutes „Bauchgefühl" und war immer schon ein „Papakind" – „Ich sehe so aus und ich bin auch so." Außerdem sei sie ein absoluter Familienmensch.

Ihre Schwestern seien völlig anders als sie selbst. In ihrer Kindheit erlebten sie eine „heile Welt". Es mangelte ihnen an nichts. Die Eltern, vor allem ihr Vater, schenkten ihnen reichlich Nestwärme und legten auf Familie viel Wert.

Frau Anders interessierte sich schon in früher Jugend für Architektur. Zusammen mit ihrem Vater, der zahlreiche Immobilien kaufte, baute und gestaltete sie diese um.

Frau Anders hatte den Wunsch, Architektur zu studieren, entschied sich aber für eine Ausbildung in einem sehr auf Sicherheit ausgerichteten Arbeitsgebiet. Hier arbeitet sie heute im Angestelltenverhältnis und würde diesen Beruf jederzeit erneut wählen.

Ihr Interesse an Architektur ist jedoch nach wie vor stark ausgeprägt. In ihren Hobbys geht sie dem nach.

Unsere Gespräche wiesen immer wieder auf eine wesentliche Charakterschwäche von Frau Anders hin: Ihre ausgeprägte Verletzbarkeit, ihre große Angst davor, verletzt zu werden sowie ihre Unfähigkeit, mit entsprechenden Situationen umzugehen.

Kennt man die Geschichte von Frau Anders, so ist diese Angst vor Verletzungen seelischer Art nachvollziehbar: Eine junge Frau, die aus einem überaus wohlbehüteten Elternhaus stammt, dort vor jeder Art von Sorgen und Problemen bewahrt wurde, heiratete den Mann, der sie über viele Jahre hinweg betrog und sie damit massiv in ihrem Selbstwertgefühl verletzte. Natürlich hat sie große Angst davor, wiederholt und in anderen Lebenssituationen ebenso verletzt zu werden.

Damit nicht genug, erlebte sie auch noch beruflich zutiefst verletzendes Mobbing. Dem entronnen, folgte erneut verletzende persönliche und fachliche Ignoranz am neuen Arbeitsplatz.

Worauf beruhten also diese besonders ausgeprägte Empfindlichkeit und Angst?

Die Spur führte zum Vater der Klientin, zu dem sie – wie bereits erwähnt – in verschiedener Hinsicht eine besondere Beziehung und Bindung hat.

Mein weiteres Nachfragen ergab folgende Hinweise: Frau Anders' Großmutter väterlicherseits hatte vier Kinder zur Welt gebracht: Als junge Frau gebar sie Zwillinge und gab diese zur Adoption frei. Der Vater der Kinder, der nach Australien gegangen war, holte sie später zu sich. Frau Anders und ihr Vater kennen die Namen der Verwandten nicht und haben auch keinen Kontakt zu ihnen. Offiziell werden sie in der Familie geleugnet.

Später wurde die Großmutter erneut schwanger: Der Vater der Klientin wurde geboren. Seine Mutter gab ihn, weil sie einen anderen Mann heiraten wollte, an ihre Schwester ab. Dort wuchs er auf.

Nach ihrer Heirat wurde sie zum dritten Mal schwanger und gebar wiederum einen Sohn. Dieser weiß bis heute nicht, dass der Vater meiner Klientin sein Bruder ist. Damit wird auch dessen Zugehörigkeit zu seiner Familie geleugnet.

Frau Anders' Großmutter nahm später an verschiedenen Familienfeiern teil, zeigte jedoch an ihren Enkelinnen kein Interesse, was Frau Anders sehr weh tat und was sie bis heute nicht verstehen kann.

Man kann man sich das Ausmaß der seelischen Verletzung dieses Mannes gut vorstellen, der aus seiner Familie ausgeschlossen wurde. Sein späterer Wunsch nach einer „heilen Familie", seine Aktivitäten des Häuserkaufens und Bauens als Symbol für das Heim, das ihm fehlte, sind leicht nachzuvollziehen. Mit seiner beruflichen Tätigkeit im Heizungsbau brachte er die Wärme in die Häuser, die seiner Seele fehlte.

Nachdem er das Haus für seine Tochter, meine Klientin, gebaut hatte, kam es zu einem Rechtsstreit. Dies brach ihm das Herz: Er erlitt einen Herzinfarkt.

Frau Anders, mit ihrer intensiven Bindung zu ihrem Vater, identifizierte sich unbewusst so stark mit dem Schicksal ihres Vaters, dass sie seine Verletzungen zu ihrem Lebensmuster der Verletzbarkeit „machte".

Mit ihrer Vorliebe für Architektur und ihrer Unterstützung des Vaters beim Bau seiner Häuser übernahm sie auch hier seine Sehnsucht nach Geborgenheit und Wärme. Dazu passt auch ihr leidenschaftliches Hobby: Das Sammeln von Tonhäuschen, die man durch Kerzen beleuchten kann.

Geht man den körperlichen Symptomen nach, stößt man immer wieder auf die Signale der Seele, die nach Beachtung schreien.

In unserem Gespräch erkannte Frau Anders plötzlich diese Zusammenhänge. Erleichterung und das Erahnen einer neuen Freiheit ließen sie glücklich nach Hause gehen.

Bei unserem nächsten Treffen kam sie fröhlich strahlend zur Tür herein. Allein das Bewusstwerden der beschriebenen Zusammenhänge hatte ihrem Leben Aufschwung gegeben. Sie fühlte sich selbstbewusster und viel weniger angreifbar. Die Situation ihrer Arbeitsstelle konnte sie durch ein klärendes Gespräch verbessern. Das Arbeiten machte ihr wieder Freude.

Mit dem jahrelangen Betrogenwerden durch ihren Ex-Mann konnte sie nun völlig anders umgehen. Sie fühlte sich nicht mehr persönlich verletzt.

Intensiv hatte sie sich mit der Beziehung zu ihrer Großmutter – der Mutter ihres Vaters – auseinandergesetzt.

Im Anschluss daran war es ihr möglich, die Schicksale der anderen Familienmitglieder zu akzeptieren und zu würdigen, sich selbst aber davon zu distanzieren.

Ein eigentlich anstehendes klärendes Gespräch mit ihrem Vater hatte sie noch nicht geführt. Sie hatte große Sorgen, ihm weh zu tun. Über die in Australien lebenden Brüder ihres Vaters wollte sie mehr in Erfahrung bringen. Die Zusammenführung ihres Vaters mit all seinen Geschwistern wäre für die gesamte Familie sehr heilsam und würde den konstanten Erfolg der Therapie unterstützen.

Gesundheitlich ging es Frau Anders deutlich besser.

Frau Anders hat sich auf den Weg in eine neue persönliche Freiheit gemacht und dabei Altes hinter sich gelassen.

Mit neuer Energie und neuer, persönlicher und beruflicher Lebensqualität hat sie die Freude am Leben zurückgewonnen.

Carsten Gaede

Ein Leben voller Chaos –
Eine doppelt berufstätige 52-jährige Frau

Ich begegnete einer Frau von Anfang 50, die zu ihrem Besuch bei mir einen kleinen dicklichen Hund mitbrachte, der schnaufte, als wenn er Atemnot hätte. Frau Seliger wirkte trotz roter Wangen müde und matt.

Ihre gesundheitliche Situation stellt sie wie folgt dar: Sie leidet an einer chronisch entzündlichen Darmerkrankung. Außerdem hat sie Gallensteine. Vor einigen Jahren diagnostizierte man bei ihr eine Herzklappeninsuffizienz, welche mit einer Operation erfolgreich behandelt wurde. Weiterhin markant ist eine Polyzytämie – ein Zuviel an roten Blutkörperchen. Dieses Zuviel hat eine Eindickung des Blutes zufolge, was den Blutfluss im Körper stört.

Ferner beklagt sich Frau Seliger über ein Kältegefühl, so dass sie oft mit Socken und Heizkissen ins Bett gehen muss. Als besonderen Kältepunkt beschreibt sie den 7. Halswirbel, das ist der im Halsbereich herausstehende Wirbel. Außerdem hat Frau Seliger Probleme im Lenden- und Brustwirbelbereich durch Skoliose, eine seitliche Verdrehung der Wirbelsäule. Nicht genug: Bereits in jungen Jahren wurden Frau Seliger Mandeln und Blinddarm herausoperiert. Mit ca. zehn Jahren war sie bereits stark kurzsichtig. Mit etwas über 20 Jahren erhielt sie im Unterkiefer eine vollständige Zahnprothese, auch im Oberkiefer sind nicht alle Zähne zu in Ordnung.

Zwei bis drei Jahre, nachdem ihr eigener Sohn geboren wurde und sie sich ein weiteres Kind wünschte, stellt sich eine gutartige Vergrößerung der Gebärmutter heraus. Diese hatte eine Operation zur Folge, bei der ihr auch die Gebärmutter entfernt wurde.

Soweit zunächst einmal das Wesentliche zum Thema „Gesundheit" von Frau Seliger.

Das Berufsleben von Frau Seliger ist viergeteilt. Zum einen unterhält sie einen Versand- und Weinhandel sowie ein kleines Ladenlokal für gute und erlesene Weine in ihrem Haus, das an bestimmten Tagen geöffnet ist. Zum anderen hält sie als geschichtskundige Frau fachliche Vorträge bei Volkshochschulen, anderen Bildungseinrichtungen und in Buchhandlungen. Dies geschieht in der Regel abends und an Wochenenden. Außerdem unternimmt sie als Reiseleiterin zwei- bis dreimal pro Jahr Fahrten zu historischen Orten, überwiegend im deutschsprachigen Raum. Damit nicht genug: An den Tagen, an denen ihr Ladenlokal geschlossen hat, arbeitet sie im Angestelltenverhältnis in verantwortlicher Position in einem kleinen karitativen Unternehmen. Dort hat sie eine Chefin, die ihr menschlich und beruflich zu schaffen macht.

Auch familiär herrscht in ihrem Leben nicht gerade Ruhe. Sie ist mit einem Partner verheiratet, der bereits drei Kinder mit in die Ehe gebracht hat. Ihr eigener Sohn stammt aus der Beziehung mit ihrem Ehepartner. Ein Sohn des Ehemanns leidet unter schweren Depressionen, die bis zu Selbstmordgedanken reichen.

Die Beziehung der beiden Ehepartner zueinander ist nach ihrer Schilderung bei mir nicht intensiv, vor allem ist es keine Herzensbeziehung.

Frau Seliger ist Einzelkind. Der Vater ist schon lange tot, die Mutter ist über 80 Jahre alt und noch sehr agil. Sie bezeichnete mir gegenüber ihre Mutter als „Matrone". Sie sei eine sehr dominante Frau, die immer wieder massiv auch in ihr Familienleben eingreife. So wäre Frau Seligers Mutter neidisch, wenn sie mit ihrem Mann in Urlaub fährt anstatt mit ihr wegzufahren. Frau Seliger nahm sich offenbar sehr viel Zeit für ihre Mutter. Neben Urlaubs- bzw. Wochenendreisen mit ihr war ihre Mutter tage- und manchmal wochenlang in ihrer Wohnung.

Ihr Ehemann hatte längere Zeit nach einer für ihn geeigneten Arbeitsstelle gesucht und diese dann vor mehreren Jahren in ca. 40 Kilometer Entfernung vom gemeinsamen Wohnort gefunden. Herr Seliger suchte sich daraufhin am Arbeitsort eine kleine Wohnung. So lebte das Ehepaar während der Woche getrennt.

Ihren Vater schilderte Frau Seliger als einen ruhigen, sehr gewissenhaften Menschen, der als Kaufmann und Buchhalter tätig war. Auch ihr Mann sei als Bibliothekar sehr gewissenhaft.

Übrigens: Seligers besitzen ein altes Haus in einer größeren Stadt im Ruhrgebiet. Darüber hinaus haben sie noch ein kleines Häuschen in einem Dorf am Niederrhein, das sie eigentlich einmal selbst nutzen wollten, es dann aber doch vermietet haben. Finanziell gesehen geht es dem Ehepaar Seliger insgesamt nicht so gut.

Selten bin ich bei meinen Gesprächen einem Menschen wie Frau Seliger begegnet, dessen Leben so für Chaos steht: Persönlich, gesundheitlich, beruflich und auch familiär.

Über ihre Herkunftsfamilie konnte mir Frau Seliger fast nichts erzählen.

Aufgrund einiger Coachingtermine, die wir miteinander verbracht hatten, lernte ich sie als sehr herzlichen und angenehmen Gesprächspartner kennen, deren Lebensunordnung sich dadurch bemerkbar machte, dass sie Termine teilweise auch kurzfristig verschob oder Aufgaben, welche sie erledigen wollte, nicht gemacht hatte.

Möglicherweise geht es Ihnen wie mir, dass Sie sich an dieser Stelle nach Ordnung bei Frau Seliger sehnen. Ich schilderte eingangs, dass sie einen Coach suchte, der sie in beruflicher und gesundheitlicher Hinsicht begleitete. Warum kam sie gerade jetzt zu mir?

Die gesundheitlichen Beschwerden existierten ja teilweise schon länger. Die berufliche Situation von Frau Seliger war dann der konkrete Anstoß, mich aufzusuchen. Ihr Wein- und Versandhandel lief nicht so richtig, und bei der Angestelltenstelle, die sie finanziell absicherte, wurde sie durch ihre Chefin und deren Umfeld gemobbt.

Nun zur Deutung des Geschilderten, zunächst zu den gesundheitlichen Aspekten:

Nichts ist im Fluss!

Grundsätzlich ist die Darmentleerung durch die Divertikel (Ausstülpungen) gestört. Der „Abfall" kann nicht richtig abfließen, Schmerzen und andere Beschwerden sind damit verbunden.

Auch der Fluss der Gallenflüssigkeit ist gestört. Wenn man an den Ausspruch „Mir kommt die Galle hoch" denkt, steht diese auch für Ärger und Zorn.

Im Bereich Herz-Kreislauf stehen sowohl die Herzklappenstörung als auch die Polyzytämie – also das Zuviel an roten Blutkörperchen – für einen gestörten Blutfluss. Wenn man das Herz symbolisch für Liebe und Wärme nimmt, scheint bei Frau Seliger ein größeres Ungleichgewicht zu herrschen. Es ist aufgrund ihrer Erzählungen davon auszugehen, dass sie in ihrem Leben nicht genug Wärme, Nähe, Liebe erfahren hat. Sie selbst ist ein herzensguter Mensch und scheint ihren Erzählungen nach immer wieder anderen Menschen zu helfen und sie zu beschenken. Als ich einmal zu Frau Seliger fuhr, um mir ihr Ladenlokal genauer anzusehen, zeigte sie mir auch ihre Privatwohnung. Ich war sehr überrascht, eine Kunstsammlung von Herzen in unterschiedlicher Größe, Form, Farbe und in unterschiedlichen Materialien vorzufinden. Fast alle dieser Herzen hat sie sich von anderen Menschen schenken lassen. Offensichtlich war ihre Sehnsucht sehr groß, einmal von anderen Menschen mit „Herz" beschenkt zu werden, leider jedoch nur materiell.

Im weiteren Sinne hängt hiermit auch das von Frau Seliger geschilderte Kältegefühl zusammen.

Lenden- und Brustwirbelskoliose: Die seitliche Verdrehung der Wirbelsäule kann als Beeinträchtigung der Standfestigkeit gedeutet werden.

Blinddarm und Mandeln sind Abwehrorgane unseres Körpers. Wenn sie entfernt sind, fehlen sie als Abwehrmechanismus für Krankheitserreger. Das ist symbolhaft für die fehlende Fähigkeit der Klientin, sich mit anstehenden Problemen konsequent auseinanderzusetzen.

Die Kurzsichtigkeit deutet ganzheitlich gesehen darauf hin, dass Frau Seliger Probleme hat, in die Ferne zu schauen – eventuell in die vergangene Ferne?

Die fehlenden Zähne in jungen Jahren lassen darauf schließen, dass ihr schon früh „die Zähne gezogen wurden" und es somit für sie schwer wurde, sich im Leben durchzubeißen und kauend ihr Leben zu verdauen.

Ihr Herzenswunsch nach einem zweiten eigenen Kind wurde ihr genommen. Die Vergrößerung der Gebärmutter – und zwar in Kinderkopfgröße – stellte sich ein, nachdem ihr Mann partout kein weiteres Kind mehr haben wollte.

Auch in beruflicher Hinsicht ist nichts im Fluss. Obwohl sie eine gefragte und beliebte Geschichtsreferentin ist, verdient sie durch ihre Vorträge wenig Geld. Offensichtlich erreicht sie ihre Zuhörerschaft nicht nur durch ihr fachliches Wissen, sondern auch durch ihre herzerfrischende Art der Präsentation.

Obwohl sie u. a. mit einem hochwertigen flüssigem Gut handelt, ist auch unternehmerisch hier gar nichts im Fluss. Gerade bei diesem Berufsfeld scheint der Spagat zwischen den unterschiedlichen Aktivitäten von Frau Seliger sehr schwer zu sein. In diesen Wein- und Versandhandel muss einfach mehr Zeit investiert werden.

Zu guter Letzt erfährt sie in dem einzig finanziell sicheren Arbeitsbereich immer öfter und heftiger Mobbing, obwohl sie sich dort sehr engagiert hat. Ich empfahl ihr, sich endlich einmal richtig zu wehren. Es stellte sich dann heraus, dass Frau Seliger diese Arbeitsstelle primär aus Sicherheitsgründen angetreten hat. Ihr Kämpfen zahlte sich insofern aus, als sie u. a. arbeitsrechtliche Schritte gegen ihre Quäler unternahm und die Arbeitsstelle mit Freistellung, vorübergehender Lohnfortzahlung und Abfindung aufgab. Jetzt war ihr richtig bewusst, wie sie über viele Jahre dort ausgenutzt worden war. Der Chefin schrieb sie übrigens noch einen für sie befreienden Brief. Jetzt kann sich Frau Seliger voll auf ihre selbständigen Tätigkeiten konzentrieren.

Als mir Frau Seliger ihre Wohnung zeigte, wirkte auch diese konsequent chaotisch auf mich. Aufgrund unserer Gespräche und meiner Empfehlung hatte Frau Seliger jedoch damit begonnen, sich von Altem und Überflüssigem zu trennen, u. a. von größeren Mengen an gesammelter Literatur und auch alten Möbelstücken aus der Familie.

Im Hinblick auf die bereits geschilderte Herzsammlung riet ich ihr, sich von den geschenkten „künstlichen Herzen" zu trennen und bereit zu sein, sich von anderen Menschen mit Herzen Liebe und Zuwendung schenken zu lassen. Wichtig im Leben ist die Balance zwischen selbst helfen und sich helfen lassen, zwischen lieben und selbst geliebt werden. Frau Seliger darf sich jetzt endlich auch Hilfe und Liebe schenken lassen.

In dem Zusammenhang sollte sie auch die Art der Beziehung in ihrer Partnerschaft überdenken.

Nachdem sich Frau Seliger mit diesen „Aufgaben" auseinandergesetzt hatte und bereit war, sich von den Kunstherzen zu trennen, erfuhr ich, dass sie nach längerer Zeit mit ihrem Mann wieder in den Urlaub gefahren ist. Beim nächsten Besuch kam sie zusammen mit ihrem Mann, da beide den Wunsch hatten, mehr „gemeinsam zu machen". Da sie in ihrer Kindheit und Jugend offenbar wenig Liebe von ihrer dominanten Mutter geschenkt bekommen hatte, hatte sie unbewusst entschieden, dass sie keine Liebe geschenkt bekommen kann. Mit ihrer Mutter konnte sie auch anders umgehen, nachdem sie ihr aufgrund meines Vorschlags einen langen Brief geschrieben hatte. Frau Seligers Ziel war es, mit meiner Hilfe mehr Fluss und Ordnung in ihr Leben zu bringen. Hierfür hat sie wesentliche Schritte unternommen. Dies wird sich zukünftig auch positiv auf ihre Gesundheit auswirken.

Oft sind es kleine, aber wesentliche Schritte, die eine große Veränderung im Leben bewirken können: persönlich, gesundheitlich, beruflich und familiär.

Britta Helbig

Die Suche nach dem persönlichen Glück –
Eine 38-jährige Frau im Vorstand

Katharina Laumanns ist 38 und eine attraktive Frau. Jeden Morgen steht sie früh auf, um gut gestylt den Tag zu beginnen. Alles an ihrem Aussehen ist perfekt. In der deutschen Zentrale einer weltweit agierenden Bank reden alle seit Jahren darüber, wie gepflegt und perfekt sie aussieht. Wie sie das nur schafft? Keine der anderen Frauen hat es je zu dieser Perfektion gebracht. Auf dem Firmenparkplatz angekommen, fährt sie ihren Mercedes der S-Klasse zügig auf den mit ihrem Namen markierten Platz und parkt mit sportlich anmutendem eingeschlagenen Radstand. Lange hat sie darauf warten müssen, endlich einen der privilegierten zehn Parkplätze der Vorstandsmitglieder zu ergattern. Im letzten Sommer war es dann soweit. Sie wurde in den Vorstand berufen. Viel zu lange hatte sie darauf warten müssen, wie sie meinte. Schließlich lag es nur daran, dass die Männer sich die Bälle untereinander zuspielten. Als Frau hat man in der konservativen Finanzbranche sowieso nicht die gleichen Karrierechancen wie die Männer.

Katharina wurde Ende der 1960er Jahre als sechstes Kind einer wohlhabenden Kölner Familie geboren. Schnell lernte sie, sich gegen ihre fünf älteren Brüder durchzusetzen. Ihr Vater war ein erfolgreicher Unternehmer. Er baute Industrieanlagen hauptsächlich in Amerika und Asien, der Familie mangelte es an nichts. In den Ferien fuhren sie entweder in ihr Ferienhaus nach Holland oder machten Weihnachtsurlaub im Schnee. Dann versuchte Katharina, so viel Zeit wie möglich mit ihrem Vater zu verbringen, doch der versteckte sich meist hinter Zeitungen oder spielte Golf. Schließlich musste er sich ja auch einmal von den Strapazen seines Jobs erholen.

Katharina versuchte alles, um seine Aufmerksamkeit auf sich zu ziehen. Sie strengte sich in der Schule an, war erfolgreich bei ihrem Lieblingssport, der Leichtathletik, und spielte Klavier. Wenn sie ihrem Vater etwas vorspielte, sagte er: „Schön klingt das, aber du hättest es ruhig ein bisschen schneller spielen können!" Und wenn sie mit einer Ehrenurkunde im Weitsprung heimkam, kommentierte er nur: „Prima, beim nächsten Mal wird es bestimmt eine Medaille! Dein Bruder Peter hat dieses Jahr auch eine bekommen!" Katharina trainierte und ackerte. Aber es war nie einfach nur „gut". Immer war es „gut, aber" oder „prima, aber schau mal dein Bruder!" oder „Das habe ich auch so von dir erwartet!" Was sie auch machte, sie kam nicht an ihr Ziel, einfach anerkannt zu werden für das, was sie geleistet hatte. Also lernte und trainierte sie weiter. Irgendwann würde sie ihr Ziel bei ihrem Vater schon erreichen, wenn sie nur hart genug dafür kämpfte.

Immer schon war es Katharinas Traum gewesen, Medizin zu studieren. Tatsächlich gelang es ihr, einen der begehrten Studienplätze zu erhaschen, und sie zog fort nach München. Der Abschied von zu Hause fiel ihr nicht sonderlich schwer, und die vielen Vorlesungen, Seminare und Klausuren waren bei der Eingewöhnung in ihre neue Umgebung eine willkommene Ablenkung. Sie war sehr ehrgeizig, aber bei der Anatomieprüfung überkam sie die blanke Panik. Eines Morgens stand sie auf und ihre Knie zitterten. Sie sackte vor ihrem Bett zusammen und Panik machte sich in ihr breit. Da wusste sie, dass sie diesen Belastungen nicht länger standhalten würde.

Über Beziehungen ihres Vaters bekam sie bald darauf einen Ausbildungsplatz bei einer renommierten Bank. Sie durchlief die Banklehre mit Bravour. Die Bank übernahm sie und so arbeitete sie einige Zeit in einer Filiale in der Frankfurter Innenstadt. Man beförderte sie aufgrund ihrer Leistungen schließlich in die Deutschland-Zentrale und übertrug ihr die Verantwortung für ein kleines Team. Stets chic gekleidet und immer perfekt gestylt durchlief sie verschiedene Verantwortungsbereiche und erledigte ihre Aufgaben korrekt und zuverlässig. Mit zunehmenden finanziellen Möglichkeiten stieg auch der Preis ihrer Kleidung, es musste Designer-Kleidung sein. Sie arbeitete hart und blieb oft bis spät in die Nacht, wenn ein Bericht noch bis zum nächsten Tag fertig werden musste. Ihre Vorgesetzten würdigten ihr Engagement und nicht selten übertrug man ihr wegen ihrer hohen Leistungsbereitschaft zusätzliche Aufgaben. Manchmal erhielt sie dafür Sonderbonuszahlungen, die sie wieder in Designerkleidung und Accessoires investierte. Der Mercedes wurde ihr von der Bank als Firmenwagen gestellt.

In ihren Teams jedoch gab es zunehmend zwischenmenschliche Spannungen. Mehrfach beschwerten sich Kollegen, dass Katharina ihre Ausarbeitungen bei ihrem Vorgesetzten als ihr eigenes Werk ausgab und dem Team wichtige Informationen vorenthielt. Das Klima im Team verschlechterte sich deutlich und einige Mitarbeiter baten um Versetzung in andere Abteilungen. Es war auffällig, dass sie meist nur Probleme mit ihren männlichen Kollegen hatte, mit den Frauen im Team kam sie im Allgemeinen gut zurecht. Im Gegenteil, mit einer Kollegin, Sarah Bernstein, hatte sie sich angefreundet. Auf Sarah Bernstein konnte Katharina sich blind verlassen. Sie war extrem zuverlässig, fleißig und loyal. Und sie liebte Designerkleidung.

Eines Tages bat ein Mitarbeiter sie um Rat. Michael Gesthoff war ein geschätzter Mann bei der Bank. Er hatte ein komplexes neues Projekt übernommen und es ergaben sich dabei einige Fragestellungen, mit denen er noch nicht so vertraut war. Katharina verstand sofort, worum es ging und welche Probleme zu lösen waren, sagte ihm jedoch davon nichts. Oft schon hatte sie seine schnelle Auffassungsgabe als bedrohlich empfunden und ihn manches Mal als Konkurrenten erlebt. Er könnte ihr schon in absehbarer Zeit gefährlich werden. Sie zeigte Michael einen Lösungsweg auf, den er auch bei der nächsten Vorstandssitzung so vortrug. Bei dieser Gelegenheit meldete Katharina sich zu Wort und schlug eine noch bessere Alternative vor. Die Vorstände waren beeindruckt, das Vertrauen von Michael Gesthoff hatte sie damit aber verloren.

Ein anderes Mal beförderte sie Sarah, obwohl zwei männliche Mitarbeiter eindeutig besser für diese Position geeignet gewesen wären. Damit machte sie sich weitere Feinde, aber das konnte sie aushalten. Ein Kollege wechselte die Bank, ein anderer die Abteilung und beide erreichten schnell höhere und verantwortungsvollere Positionen.

Katharina blieb ihren männlichen Teamkollegen gegenüber immer distanziert. Eine persönliche Nähe wie zu Sarah Bernstein ließ sie bei männlichen Kollegen nie zu, bei ihnen hatte sie immer den Drang zu kämpfen. Sie musste besser sein als die Männer, so wie sie es auch bei ihren fünf Brüdern gelernt hatte, wenn sie die Anerkennung ihres Chefs erhalten wollte. Sie machte es gegen ihre Mitarbeiter und nicht mit ihnen. Das Team war ihr dabei Mittel zum Zweck.

Ähnlich erging es ihr in ihrem Privatleben: Sie war einige Jahre mit einem Arzt liiert. Carsten war Chirurg und liebte seinen Job. Aber wenn er zu Hause von seinen Patienten und Operationen erzählte, dachte Katharina an ihre Niederlage während ihres Medizinstudiums, die sie nur schwer verkraftet hatte. In ihrer Beziehung zu Carsten gelang es ihr nicht, sich fallen zu lassen, und so ging die Beziehung bald auseinander.

Christian, ein Rechtsanwalt aus Bielefeld, zog ihretwegen von Gütersloh nach Frankfurt. Er war in einer großen renommierten Kanzlei in Frankfurt-Bockenheim untergekommen, Katharina war sehr stolz. Er freute sich auf das Leben in der Großstadt und die vielen kulturellen Möglichkeiten dort. Jedem erzählte Katharina von der bekannten Kanzlei und ihrem tollen Freund. Schnell knüpften sie Kontakte in die Frankfurter Jet-Set-Szene. Sie verbrachten ihre Urlaube auf Mauritius, den Malediven und den Seychellen und hatten eine wunderbare Zeit zusammen. Das Leben hatte für Katharina stets Interessantes, ja Spektakuläres zu bieten. Bis Christian eines Tages die Tochter seines Chefs kennenlernte. Durch sie würde er die Kanzlei später übernehmen können und mit seinen neuen gesellschaftlichen Kontakten war seine Zukunft gesichert. Er trennte sich von Katharina und ging seinen eigenen Weg – in seine eigene Zukunft.

Katharina stürzte sich noch mehr in die Arbeit. Erfolg war das, wonach sie suchte, und den bekam sie auch. Sie konnte ihren Vorgesetzten stets glaubhaft machen, dass es in allen Teams Unruhe gibt, und ihre eilig beschlossenen Personalveränderungen demonstrierten ihre Entschlossenheit als Führungskraft. Ihre offensichtliche Perfektion, ihre Leistungsbereitschaft und ihr Durchsetzungsvermögen brachten sie schließlich in den Vorstand. *Aber* auch da erhielt sie nicht die gewünschte Anerkennung der Kollegen. Die anderen Vorstandskollegen schweißte ihre Berufung noch enger zusammen. Sie fühlten sich unsicher in der Gegenwart einer Frau, die ihr Äußeres so demonstrativ betonte und zu ihrem Vorteil nutzte.

Welche Lösungsmöglichkeiten gibt es für diese Problematik?

Die zentrale Frage in dieser Geschichte ist die nach persönlichem Glück.

Was treibt Katharina an, ihre Karriere so verbissen zu verfolgen? Ist es der Wunsch nach einer derartigen Karriere, den sie mit dem Preis bezahlt, keine Familie und kein Privatleben zu haben? Was würde passieren, wenn Katharina den Job und die damit verbundene Anerkennung verlieren würde?

Katharina ruht nicht in sich selbst. Sie ist nicht in der Lage, das Wegbrechen einer Säule ihres Selbstwertgefühls durch eine andere Säule aufzufangen. Genau hier setzt der Lösungsansatz an: Katharina sollte eine oder besser mehrere neue Säulen ihres emotionalen Gleichgewichts entdecken und formen. Sie sollte sich andere Bereiche suchen, aus denen sie Freude, Glück, Anerkennung und Zufriedenheit ziehen kann. Das fällt Workaholics oft nicht leicht, wenn sie sich eigener Probleme bewusst sind. Ein neues intensives Hobby oder der Aufbau eines neuen privaten Freundeskreises können ihr hierbei helfen. Eines darf sie dabei nie aus den Augen verlieren: die Frage nach ihrem persönlichen Glück.

Gerald Iserloh

Der Markt ist gnadenlos –
Ein 59-jähriger Unternehmer

Vorerst ein „normaler" Beratungsfall

Von einer Bank wurde ich bei einem Metall verarbeitenden Unternehmen, das zu dieser Zeit Verluste machte, als Berater empfohlen. In einem ersten Gespräch mit dem geschäftsführenden Gesellschafter und bei einer Betriebsbesichtigung wurde deutlich, dass die größten Aufgaben im betriebswirtschaftlichen Bereich und weniger im technischen Bereich zu lösen waren. Ich war aus diesem Grunde erster Ansprechpartner des Auftraggebers.

Nachdem ich mich mit den Grunddaten des Unternehmens vertraut gemacht hatte, führte ich mit den Leistungsträgern Einzelgespräche und entwickelte in Form kleiner Projekte Maßnahmen zur Effizienzverbesserung. Parallel implementierte ich mehrere integrierte Controllinginstrumente, mit deren Hilfe kleine schnell reagierende Regelkreise eingeführt wurden und die Steuerung des Unternehmens deutlich verbessert wurde. Bereits nach einigen Monaten griffen die Maßnahmen und das Unternehmen begann, schwarze Zahlen zu schreiben.

Durch die umgesetzten Aufgaben und deren positive Auswirkungen auf das Ergebnis und das Betriebsklima, hatte der geschäftsführende Gesellschafter auch persönlich Vertrauen zu mir aufgebaut. Unsere Gespräche betrafen nun nicht mehr nur das Unternehmen, sondern auch private Themen. Der Unternehmer offenbarte mir sukzessive seine Sorgen und Nöte. Er war insbesondere froh über die Entwicklung seines Unternehmens, weil er seiner Hausbank, neben persönlichen Bürgschaften, die Immobilie seiner Lebensgefährtin als Sicherheit gegeben hatte, was ihn erheblich belastete.

Des Weiteren war er bereits 59 Jahre alt und hatte in seiner Familie keinen Nachfolger für sein Unternehmen. Ich wurde beauftragt, eine Unternehmensbewertung durchzuführen und ohne Zeitdruck einen Käufer für sein Unternehmen zu suchen.

Der Markt ist gnadenlos

Zur gleichen Zeit wurden im Bundestag einige Gesetzesvorhaben aufgeschoben, die die Investitionen in erneuerbare Energien direkt beeinflussen sollten, weil in der Folge Subventionen zurückgestellt wurden. Das Unternehmen hatte sich über Jahre einen Kunden aufgebaut, der in diesem Bereich tätig war und bereits einen Umsatzanteil von ca. 40 Prozent ausmachte. Somit war das Unternehmen von diesem Kunden in hohem Maße abhängig.

Zuerst brach der Auftragseingang dieses Kunden ab, dann gingen die Umsätze zurück und innerhalb weniger Monate war das Gesamtergebnis des Jahres deutlich negativ, weil der fehlende Rohertrag durch kurzfristige Maßnahmen nicht ausgesteuert werden konnte.

Mit Hilfe der von mir implementierten monatlichen Ergebnis-, Finanz- und Bilanzplanung konnten wir quantifizieren, wie viel Liquidität notwendig war, um das Unternehmen vor der Insolvenz zu bewahren. Es wurde ein Sozialplan verabschiedet und mit den Hausbanken verhandelt. Die Hausbanken sicherten die Kreditlinien in bisheriger Höhe zu. Weiteres Kapital musste jedoch von außen hinzukommen, über welches der Unternehmer aber nicht verfügte. Dieser Umstand und die gegenüber seinen Mitarbeitern auszusprechenden Kündigungen übten einen enormen psychischen Druck auf ihn aus.

Dazu kam der Druck, den er sich selbst zusätzlich aufbürdete, weil er ständig daran denken musste, dass die Immobilie seiner Lebensgefährtin erheblich gefährdet war.

Nun kam uns die bereits angefertigte Unternehmensbewertung mit ausführlicher Unternehmensdokumentation zugute. Der hierin ausgewiesene Wert war zwar nicht mehr erzielbar, jedoch konnten wir schnell nach potenziellen Interessenten suchen, um frisches Kapital in das Unternehmen zu holen.

Vom Industrieberater zum Coach

Bereits zu diesem Zeitpunkt hatte sich das von mir ausgeübte Mandat stark gewandelt. Hatte ich als Industrieberater mit der Restrukturierung und Neuausrichtung des Unternehmens begonnen, war ich nun auch der Coach des Unternehmers.

Der Unternehmer sah bei jedem Treffen schlechter aus, weil er aufgrund seiner Ängste nicht mehr schlafen konnte. Er war vor der eingetretenen Situation bereits starker Raucher, was sich nun noch zu verstärken schien. Seine Sorgen und die Situation seines Unternehmens teilte er nicht mit seiner Lebensgefährtin, weil er sie nicht auch noch belasten wollte. Somit blieben für ihn wenige Gesprächspartner, mit denen er seine Situation besprechen konnte und denen er seine Gedanken offenbaren wollte und konnte. Wir trafen uns häufig und telefonierten täglich.

Meine Aufgabe bestand darin,

▶ seine Gedanken nachzuvollziehen
▶ ihm strukturiert zu spiegeln,
▶ damit er bei der Vielzahl von Aufgaben rationale Entscheidungen treffen konnte.

Der Unternehmer wurde aufgrund der Umstände und seiner körperlichen Verfassung zunehmend mutlos. Aus diesem Grunde zeigte ich ihm auf,

▶ dass realistische Chancen zur Sanierung seines Unternehmens vorhandenen waren,
▶ die gleichzeitig seine Gesundung zur Folge haben würden.

Nach einigen Wochen fanden wir einen potenziellen Investor. Ich begleitete den Unternehmer zu allen Gesprächen mit dem Investor und den Banken, in deren Vorfeld ich als sein Sparringspartner fungierte, damit er nicht unvorbereitet und mit zu hohen Erwartungen in die Gespräche ging. In der derzeitigen Unternehmenssituation war insbesondere kein hoher Kaufpreis vom Investor zu erwarten. Der Investor war nur daran interessiert, dem Unternehmen Liquidität bereitzustellen, nicht jedoch dem Unternehmer.

Aus diesem Grunde bereitete ich den Unternehmer darauf vor, dass es in erster Linie darum gehen musste,

▶ seine vergebenen persönlichen Bürgschaften und die Immobilie seiner Lebensgefährtin auszulösen,

▶ einen Anteil von bis zu 25 Prozent am Unternehmen zu behalten, um später am Wertzuwachs des Unternehmens zu partizipieren, sowie

▶ einen möglichst lang laufenden Geschäftsführungsvertrag zu erhalten.

Zunächst war der Unternehmer unangenehm überrascht, ließ sich dann jedoch anhand von Beispielen aus meiner Beratungspraxis überzeugen, und wir gingen mit diesen Zielen in die letzten Verhandlungen.

Verhandlungsmarathon

Der potenzielle Investor kam aus einer wohlhabenden Familie. Er hatte Geschick bewiesen, indem er um ein gut verdienendes Unternehmen der Familie eine Unternehmensgruppe aus zwölf Unternehmen gruppierte. Alle Unternehmen hatte er in den letzten Jahren selbst hinzugekauft. Er beschäftigte sich nicht nur mit der Auswahl der Unternehmen, sondern auch mit der Integration in seine Unternehmensgruppe.

Gegen Mittag fuhren wir zum Hauptsitz der Unternehmensgruppe. Wir wurden von einer Sekretärin empfangen und mussten über 30 Minuten auf unseren Gesprächspartner warten. Mit diesem Akt der „Höflichkeit" machte er seine starke Verhandlungsposition deutlich.

Von der Vorstellung der Unternehmensgruppe bis zu einem Rundgang durch die gesamte Produktion und die Entwicklung dauerte die gesamte Prozedur mehrere Stunden ohne Mittagessen. Hiernach fuhren wir zu einem weiteren Werk des interessierten Investors. Dort sollten wir dessen kaufmännische Leitung kennenlernen und den Vertrag vorbesprechen, bevor er anschließend in der Kanzlei eines Notars unterschrieben werden sollte. Mittlerweile war es bereits nach 18 Uhr und mein Mandant zeigte deutlich weniger Elan als noch einige Stunden zuvor.

Wir wurden erneut in ein Büro geleitet. Hier warteten wir auf die kaufmännische Leitung. Nachdem wir uns auch hier noch zurückhielten und einen Abriss über die Firmengeschichte über uns ergehen ließen, kamen wir um ca. 19.30 Uhr zu der Besprechung des Vertragsentwurfes, den wir hier das erste Mal in den Händen hielten. Unser Verhandlungspartner war in der stärkeren Position und spielte diese erneut aus.

Die Vorverhandlungen waren durch die von uns vorher festgelegten Ziele geprägt, von denen ich zu diesem Zeitpunkt nicht im Geringsten abweichen wollte. Nach rund zweieinhalb Stunden war jeder Punkt des Vertrages diskutiert. Einigkeit herrschte bei einigen entscheidenden Punkten jedoch nicht. Insbesondere gab es einen Absatz des Vertrages, den ich mit dem Berater des Investors besprochen hatte, der nun komplett fehlte und von dem unser Gesprächspartner nichts wissen wollte.

Der uns gegenübersitzende Unternehmer war der Meinung, dass wir die offenen Punkte bei dem nun folgenden Treffen im Büro seines Notars klären würden. Ich hatte mir während der Vertragsbesprechung eine Prioritätenliste angefertigt, die ich auf dem Weg zum Notar mit meinem Auftraggeber besprechen konnte.

Um 22 Uhr erreichten wir die Büroräume des Notars und trafen dort auf zwei Vertragsanwälte, den Steuerberater, den kaufmännischen Leiter und den interessierten Investor. Dieser Aufmarsch an Beratungskompetenz sollte einschüchternd wirken, zeigte mir jedoch, dass das Kaufinteresse wirklich hoch war. Umso stärker wurde mein Ehrgeiz geweckt, alles nur Mögliche für meinen Auftraggeber herauszuholen, der nun bereits sichtlich mitgenommen wirkte.

Wir gingen erneut Punkt für Punkt durch und blieben bei den offenen Positionen hängen. Nach einer halben Stunde konfrontierte ich den Berater mit dem ausgelassenen Absatz im Vertragstext.

Zu diesem Zeitpunkt hatten wir bereits die Zusage, dass mein Auftraggeber 24 Prozent der Unternehmensanteile behalten konnte. Alle persönlichen Bürgschaften und Sicherheiten sollten freigegeben werden. Insbesondere die Grundschuld, welche die Immobilie der Lebensgefährtin meines Mandanten und seine Seele belastete, sollte gelöscht werden.

Die nun noch offenen Verhandlungspunkte betrafen den Geschäftsführervertrag, den Dienstwagen und die künftige Bewertung der Unternehmensanteile. Die Uhr zeigte bereits 1:00 Uhr. Ich musste zwar zwischenzeitlich eine Unterbrechung erbeten, damit ich meinen Auftraggeber wieder auf unsere vorher festgelegten Weg und die damit einhergehenden Ziele zurückbringen konnte, jedoch drängte nun der potenzielle Investor darauf, den Abschluss herbeiführen.

Um 1:30 Uhr waren alle Punkte vereinbart. Wir hatten einen Geschäftsführervertrag ausgehandelt, der über fünf Jahre und mit einem annehmbaren Gehalt festgelegt war. Zusätzlich konnte mein Auftraggeber den Dienstwagen weiter nutzen. Die Bewertung der Unternehmensanteile war nach einer nachvollziehbaren Formel festgelegt, die sich an der Performance des operativen Geschäftserfolges orientierte. Somit hatte mein Mandant die künftige Chance, sich sein verlorenes Kapital wieder über positive Ergebnisse teilweise zurückzuholen. Er würde seine Anteile bei seinem Ausscheiden aus dem Unternehmen an den Mehrheitsgesellschafter aufgrund einer nachvollziehbaren Formel verkaufen können. Die Vertragsbestandteile wurden paraphiert. Wir hatten die selbst gesteckten Ziele erreicht.

Um 3:30 Uhr verabschiedete mich der Unternehmer mit einem Händedruck, der mir aufgrund seiner Intensität lange in bester Erinnerung bleiben wird, und sichtlich erleichtert.

Gerald Iserloh

Die Treiber künftiger Erfolge –
Ein 44-jähriger Unternehmer

Vorbemerkung

Wie eine ursprünglich betriebswirtschaftliche Beratung in ein begleitendes Coaching übergeht, zeigt folgender Fall.

Erst während der Beratung entwickelte sich als oberstes Ziel, meinen Klienten in seinen auch unpopulären Zielen zu unterstützen bzw. von ihm Schaden fernzuhalten. Dies betraf nicht nur den finanziellen Bereich, sondern in noch viel höherem Maße psychische und physische Schäden.

Ich wurde von einem europaweit tätigen Händler mit Metallprodukten gebeten, seine Produktsparten und seine Absatzgebiete nach ihren Ergebnisbeiträgen zu untersuchen und die Kalkulationsgrunddaten zu prüfen. Das Gesamtgeschäft machte in den letzten beiden Jahren im Vergleich zum Umsatz ca. zehn Prozent Verlust. Dennoch sah die Bilanz des Unternehmens noch gut aus. Das Eigenkapital lag bei ca. 50 Prozent der Bilanzsumme. In der Bilanz befanden sich erhebliche stille Reserven, die in erster Linie in Grundstücken und Gebäuden gebunden waren, die das Unternehmen selbst nutzte. Des Weiteren besaß das Unternehmen hohe Warenvorräte. Alleine aus diesen hätte es theoretisch ein Jahr lang seinen Umsatz bestreiten können, ohne einmal einzukaufen. Wenn es gelingen sollte, das Unternehmen oder die Marken des Unternehmens fortzuführen, waren auch hier stille Reserven enthalten und es bot sich die Möglichkeit, erhebliche Finanzmittel freizusetzen.

Die Zukunftsfähigkeit beurteilen

Die Bilanz und die Gewinn- und Verlustrechnung zeigen nur die Vergangenheit eines Unternehmens und das bisher Erreichte. Wenn die Zukunftsfähigkeit eines Unternehmens beurteilt werden soll, dann muss festgestellt werden, ob genügend Treiber künftiger Erfolge für das Unternehmen existieren. Auf Basis dieser Analyse sollte ich meine Empfehlung für die weitere Vorgehensweise des Unternehmers abgegeben.

Bei den ersten Gesprächen erschien mir der Unternehmer wenig motiviert. Er wirkte betrübt; regelrecht müde. Ich begann meine Analyse mit kompakten Einzelgesprächen mit den Führungskräften. Oft wurde vom Senior gesprochen, also dem Vater des heutigen Geschäftsführers. Er war vor einigen Jahren im Alter von 75 Jahren gestorben. Dessen Sohn wurde oft mit dem alten Geschäftsführer verglichen, der bis zu seinem Tod als eingetragener Geschäftsführer arbeitete.

Nachdem ich mir ein Bild von den Führungskräften sowie den absehbar wichtigsten Chancen und Risiken gemacht hatte, wertete ich die aktuellen Zahlen des Unternehmens in Form einer Produktspartenergebnisrechnung aus. Parallel führte ich noch ein längeres Gespräch mit dem Unternehmer, in dem ich ihm mein Zwischenresümee mitteilte, was in Bezug auf die Potenziale seiner Führungskräfte nicht sonderlich gut ausfiel.

Ich wollte nun seine eigene Motivation hinterfragen und sprach ihn auf seine Entwicklung im Unternehmen an. Er erzählte mir, dass er ursprünglich viel lieber studiert hätte und in die Forschung gegangen wäre. Sein Vater wollte jedoch, dass er das Unternehmen weiterführt, und holte ihn ins Unternehmen.

Bis vor fünf Jahren war er zwar auch eingetragener Geschäftsführer, jedoch hielt sein Vater das Zepter fest in der Hand. Er wurde somit in seinem Leben lange fremdbestimmt. Und auch heute noch war der Geist seines Vaters überall im Unternehmen zu spüren.

Seine Mitarbeiter verglichen seine Entscheidungen mit denen seines Vaters und er selbst erzählte, dass er stets nachdachte, was denn wohl sein Vater in der jeweiligen Situation machen würde.

Er lächelte während des gesamten Gespräches nur ein einziges Mal, als ich Ihn auf ein Foto, was an der Wand hing, ansprach. Es zeigte ihn auf einem hohen Berg im Himalaya.

Resümee: Der Unternehmer war kein Unternehmer. Er wollte nie Unternehmer werden. Er fühlte sich in seiner eigenen Haut und in seinem Unternehmen nicht wohl. In der Folge hatte er auch keine eigenen Visionen und langfristigen Ziele für sein Unternehmen entwickeln können.

Die Treiber künftiger Erfolge

Die Entwicklung des Unternehmens war mit dem Tod des Vaters vorgezeichnet. Der Motivator und Ideengeber war nicht mehr vorhanden.

Neben diesen ungünstigen internen Voraussetzungen herrschte im Markt ein hoher Verdrängungswettbewerb, durch den die Preise unter Druck gerieten. Wettbewerbsunternehmen waren über Zukäufe von Konkurrenten und durch aggressive Vertriebspolitik gewachsen, hatten somit eine höhere Einkaufsmacht erreicht und spielten diese bei langjährigen Kunden des von mir beratenen Unternehmens aus.

Bei austauschbaren Produkten wie in dieser Branche wird häufig über den Preis verkauft. Das machte nun der Vertrieb des von mir beratenen Unternehmers ebenso. Auch bei der Auswertung des mir zur Verfügung gestellten Zahlenmaterials stellte ich eine chronische Unlust beim Unternehmer fest. Er war ständig schlecht gelaunt und unmotiviert. Ich hatte eine Ahnung, dass es ihm nicht mehr darum ging, das Unternehmen zu retten, sondern „sich selbst vor dem Unternehmen".

Die Untersuchung der Zahlen zeigte, dass nahezu alle Produktsparten Verluste erbrachten. Nachdem die Analyse auf die europäischen Vertriebsgebiete bezogen war, wurde hier ebenso deutlich, dass nur wenige Gebiete einzelner Vertriebsmitarbeiter Gewinne erwirtschafteten.

Der Unternehmer wurde über die Ergebnisse noch unglücklicher, was sich nur änderte, wenn ich mit ihm über private Erlebnisse sprach. Auf mögliche Restrukturierungsansätze reagierte er dementsprechend auch nicht wie ein Unternehmer, der für sein Unternehmen kämpfen möchte.

Die letzte Entscheidung des „Unternehmers"

Schließlich sprach ich die Möglichkeit an, das Unternehmen zu verkaufen bzw. gezielt auslaufen zu lassen. Mit dem Erlös aus dem Verkauf der Waren, der Immobilie sowie der Veräußerung der in seinem Eigentum vorhandenen Verkaufslizenzen für einzelne Handelsmarken konnten alle Bankverbindlichkeiten beglichen werden. Darüber hinaus würde ein beachtlicher Betrag übrig bleiben, der dem „Unternehmer" und seiner Frau ein angenehmes Leben ermöglichen würde.

Nachdem ich einige Einzelgespräche mit den Gebietsverkaufsleitern geführt hatte, kristallisierte sich eine mögliche Vorgehensweise heraus.

▶ Die Vertriebsmitarbeiter wollten die überwiegende Anzahl der Gebiete unter eigener Regie und selbständig weiter bearbeiten.
▶ Bis auf extreme Verlustbringer wurden die Marken somit weitergeführt.
▶ Die vorhandenen Warenbestände hielt mein Auftraggeber für die Vertriebsgebiete vor. Neueinkäufe mussten die „neuen Unternehmer" eigenständig finanzieren.
▶ Die Vertriebsorganisation wollte die gesamte Verwaltung vereinfachen. Der Umzug in ein kleineres Gebäude wurde vorbereitet.
▶ Für das Verwaltungsgebäude wurde ein Käufer gesucht.

Wir bildeten die Vorgehensweise in einer integrierten monatlichen Ergebnis-, Finanz- und Bilanzplanung ab, informierten die Hausbanken und setzten die notwendigen Schritte in die Tat um.

Nach ca. zehn Monaten waren alle Bankverbindlichkeiten zurückgezahlt. Die restlichen Warenbestände wurden mit einem Abschlag auf das Gesamtpaket an die neue Vertriebsorganisation veräußert und in monatlichen Raten bezahlt. Zusätzlich wurde durch die Veräußerung des Verwaltungsgebäudes ein hoher Betrag erlöst.

Bei einem letzten Gespräch wirkte der Unternehmer deutlich entspannt und erleichtert.

Ulrike Petschuch und Alexander Sladek

Vom kommunikativen Umgang mit Patienten –
Arzt, Patient und Multiple Sklerose

Der junge Assistenzarzt H. war sympathisch. Er schien souverän und bereits fest verwurzelt in seinem Beruf zu sein. Doch irgendetwas nagte an ihm. Bei der Aufforderung, eigene Fälle in das nächste Rollenspiel einzubringen, fing er zögernd an „Ich habe da so eine Patientin auf meiner Station …". Unter Nachfragen führte er seine Erzählung weiter aus. Seine Patientin M. war seit einigen Jahren an Multipler Sklerose erkrankt. Nach einem besonders schweren Krankheitsschub kam sie wieder in die Klinik, in der er als Assistenzarzt arbeitete. Tragisch war, dass dieser Schub nach einer langen stabilen Phase aufgetreten war, in der es der Frau M. sehr gut ergangen war.

„Wahrscheinlich war das ein besonders schwerer Schock für sie, so deutlich wieder mit der Erkrankung konfrontiert zu werden. Doch was mich fast an den Rand der Verzweiflung bringt, ist ihre Einstellung. Komplett negativ. Bei jeder Visite rechnet sie nur mit dem Schlimmsten."

Frau M. klagte nach Aussage des Arztes ständig und malte sich alles, was noch auf sie zukommen würde, in düsteren Farben aus. Im Kollegenkreis der Klinik war sie schon als schwierig und schwer „handelbar" verschrien und manche Kollegen machten bereits einen großen Bogen um ihr Behandlungszimmer. „Doch sie ist meine Patientin! Ich *muss* mich um sie kümmern. Was soll ich bloß tun?"

Wir stellten die Situation im Rollenspiel nach. Der junge Assistenzarzt H. spielte seine eigene Patientin. Eine andere Teilnehmerin übernahm die Rolle des jungen Arztes. Nach einem formvollendeten Gesprächseinstieg informierte sie die gespielte Frau M. sachlich über das weitere Vorgehen in der Klinik. Als Antwort ernte sie nur weiteres Gejammer. Umso mehr er sich anstrengte, die Behandlungsmaßnahmen und die positive Zukunftsperspektive der Patientin näherzubringen, desto mehr manövrierte sich Herr H. in der Rolle der Patientin M. in ein schwarzes Loch. Wir brachen das Rollenspiel ab. Die Analyse der Videoaufzeichnung zeigte die verfahrene Situation in aller Deutlichkeit.

„Puh, jetzt habe ich am eigenen Leibe gespürt, wie es Frau M. wohl ergeht, und ich glaube, ich habe sie zum ersten Mal richtig verstanden. Sie hat einfach nur schreckliche Angst", platzte es aus Herrn H. heraus. Durch das Rollenspiel wurde dem Arzt schlagartig klar, dass er etwas Entscheidendes ändern musste. „Die Emotionen der Patientin aufnehmen und spiegeln, nachfragen, sich selbst zurücknehmen." Das waren die wichtigsten Erkenntnisse für ihn. Dies wollte er beim nächsten Mal berücksichtigen. Er hatte sich für das nach dem Training anstehende Entlassungsgespräch vorgenommen, auf diese Weise zu der Patientin durchzudringen. „Ich möchte, dass sie mir zuhört und dass wir die weiteren Behandlungsschritte in Ruhe besprechen können."

Am Montag nach dem Training mit uns trat Herr H. motiviert und angefüllt mit neuen Erkenntnissen den Dienst an. Der Gang in das Zimmer seiner „schwierigen" Patientin war plötzlich ganz leicht. Zuerst ermutigte er Frau M., über ihre Befürchtungen zu sprechen. Nach einigem Klagen hatte sie sich zumindest so weit beruhigt, dass er beginnen konnte, die weitere Behandlung zu erklären.

Trotzdem wurde die Patientin zunehmend unruhiger und wirkte wie ein gehetztes Tier, ständig auf dem Sprung. Herr H. hielt inne und sprach sie direkt darauf an: „Frau M., ich sehe, dass Sie immer noch ganz unruhig sind, was macht Ihnen solche Angst?" Da brach es buchstäblich aus ihr heraus. Unter Tränen schluchzte sie: „So viele Jahre ist es mir gut gegangen und jetzt das. Was ist, wenn ich nochmals einen so schweren Schub bekomme. Muss ich immer in dieser Unsicherheit und mit der Angst vor dem Rollstuhl leben?"

Der Arzt hatte nach diesem emotionalen Ausbruch das Gefühl, dass die Spannung langsam von ihr abfiel.

„Wissen Sie", begann er langsam, „das kann ich gut verstehen, mir kommt immer wieder ein Bild vor Augen, wenn ich an Sie denke. Kennen Sie das Gefühl, in einem unbekannten Gewässer zu schwimmen, und weil man nicht mehr kann, verzweifelt nach dem Boden zu tasten. Plötzlich bekommt man wieder Bodenkontakt und man steht zumindest bis zur Hüfte im Wasser. Das gibt einem schon ein erstes gutes Gefühl."

Frau M. entspannte sich sichtlich und schaute den jungen Arzt zum ersten Mal ruhig an und meinte, dass sie das genauso empfindet. Sie war erleichtert, dass er sie endlich richtig verstanden hatte. „Ja, genauso empfinde ich das. Sie verstehen mich, das tut gut."

Die beiden konnten das Gespräch in einem ruhigen und konstruktiven Rahmen beenden und der Arzt konnte ihr eine realistische Hoffnung hinsichtlich ihres weiteren Behandlungsverlaufs mit auf den Weg geben.

Herr H. beendete seinen Bericht an uns mit der folgenden Erkenntnis: „Nach diesem Erlebnis wich wirklich auch die aufgestaute Anspannung von mir und ich fühlte mich sehr erleichtert und befreit. Das war ein ganz anderes Gefühl als nach den bisherigen, von mir als sehr schwierig und belastend empfundenen Gesprächen."

Durch den Lösungsansatz „Würdigung der emotionalen Reaktion" konnte hier das Problem zwischen dem jungen Arzt und der Patientin gelöst werden. Patienten sind unserer Erfahrung nach meist auf der Suche nach Sicherheit und Entlastung. Sie ernten stattdessen leider zu oft verunsichernde Diagnosen oder Therapieempfehlungen von ihrem Arzt.

Ulrike Petschuch und Alexander Sladek

Wie gegen eine Wand –
Eine schwierige Patientin mit Schilddrüsenkrebs

In einem anderen Training berichtete die Oberärztin S. von einer Patientin mit Schilddrüsenkrebs. Sie hatte Frau L. bisher als eine in sich gekehrte und ängstliche Patientin kennen gelernt. Nach der erfolgreich verlaufenen Operation war es die Aufgabe von Frau Dr. S., die weiteren Behandlungsschritte zu besprechen. Die Operation eröffnete eine gute Zukunftsperspektive für Frau L. Doch sie blockte zum Erstaunen der Ärztin alle weiteren Behandlungsmaßnahmen ab. „Ich bin sehr sensibel vorgegangen. Das konnte ich bisher immer sehr gut. Doch hatte ich immer wieder das Gefühl, wie gegen eine unsichtbare Wand zu laufen. Ich weiß nicht mehr weiter!"

Wir stellten die Situation im Rollenspiel nach. Die Oberärztin spielte die eigene Patientin. Ein anderer Teilnehmer übernahm ihre Rolle als Oberärztin Dr. S.

Nach einem gelungenen Gesprächseinstieg informierte die „Oberärztin" sachlich über das weitere Vorgehen. Keine Reaktion. Ruhe. Dies spornte sie an, weiter aufzuklären. Keine Reaktion. Ruhe. Es ging immer tiefer in die Details. Auf sanfte Nachfrage keine Reaktion von der gespielten Frau L. Nun trat die „Oberärztin" die Flucht nach vorne an. Sie erhöhte den Druck auf die „Patientin", um eine Reaktion von ihr zu bekommen. Dies gelang ihr auch. „Lassen Sie mich bitte damit in Ruhe, ich möchte das nicht!", war die einfache Antwort, die sie erntete. Die „Oberärztin" meinte nun, die „Patientin" mit wirklich gut gelungenen Argumentationsketten überzeugen zu können. „Das möchte ich nicht!" „Nein, lassen Sie mich doch endlich in Ruhe!" Abbruch. Die Situation war zu verfahren. Die Analyse der Videoaufzeichnung zeigte es in aller Deutlichkeit.

„Da muss noch etwas anderes sein! Das habe ich deutlich gespürt." Diese Erkenntnis sprudelte förmlich aus Frau Dr. S. heraus. Durch das Rollenspiel wurde der Ärztin bewusst, dass sie nur durch die richtigen Fragen an die Patientin herankommen konnte. „Es fällt mir schwer. Ich glaube, ich sollte weg von der medizinischen Ebene. So kann ich sie nicht überzeugen. Ich muss sie einfach fragen, was sie wirklich beschäftigt." Dies wollte sie tun. Frau Dr. S. sicherte uns zu, sie wolle uns auf jeden Fall über den Erfolg ihres weiteren Vorgehens informieren.

Bei der nächsten Besprechung der Patientin Frau L. mit der zuständigen Krankenschwester erfuhr die Oberärztin folgendes: „Hat sie Ihnen das nicht erzählt? Sie hat einen kleinen Sohn. Der hat Leukämie! Er hat bereits mehrere Chemotherapien hinter sich."

„Frau L., ich möchte Sie verstehen und dann gemeinsam mit Ihnen die beste Therapie für Sie auswählen." Die Einleitung führte zu dem bekannten Ergebnis. Keine Reaktion. „Machen Sie sich wegen der Nebenwirkungen Sorgen? " Wieder keine Reaktion.

„Ist es wegen Ihres Sohns?" Da füllten sich die Augen der Patientin mit Tränen. „Sie machen sich vermutlich große Sorgen um ihn und darum, wie Ihre eigene Erkrankung Ihnen die Zeit und die Kraft nimmt, sich ganz um ihn zu kümmern, nicht wahr?" Frau L. nickte und erzählte dann stockend, was sie für schwere Zeiten durchgemacht hatten. Der Zustand des Jungen hatte sich zudem wieder verschlechtert und in der nächsten Zeit würden einige anstrengende Behandlungen auf sie zukommen. Da wollte sie nur für ihn da sein. Sie konnte sich nicht vorstellen, in dieser Zeit durch eine eigene Behandlung abgelenkt und nicht voll leistungsfähig zu sein.

Die Oberärztin war auf den Kern des Widerstandes bei ihrer Patientin gestoßen. „Das kann ich gut verstehen, wer unterstützt Sie in dieser schwierigen Situation"? Haben Sie schon mit Ihrem Mann darüber gesprochen?" Die Patientin gab zu, dass sie das bisher immer wieder aufgeschoben hatte, um auch ihren Mann zu schonen. Die Ärztin schlug vor, dass das nächste Gespräch gemeinsam mit dem Ehemann durchgeführt werden sollte.

Der Ehemann war bei dem nächsten Gespräch dabei und darüber hinaus begleitete auch noch die Schwester der Patientin das Paar. Gemeinsam schafften sie es, Frau L. von dem Sinn der weiteren Behandlungsschritte zu überzeugen. Gleichzeitig fanden sie einen Lösungsansatz für die schwierige familiäre Situation.

Zum ersten Mal sah Frau Dr. S. nach dem Gespräch ein zaghaftes Lächeln auf dem Gesicht der Patientin. „Dieses Lächeln war mein größtes Geschenk", schloss die Ärztin ihren Bericht.

In unseren Trainings begleiten wir Ärzte, die etwas ändern möchten. Sie möchten die Kommunikation mit ihren Patienten neu gestalten. In den Rollenspielen können sie selbst erleben, welche Alternativen und andere Wege es zu den bekannten und festgefahrenen Kommunikationspfaden mit Patienten gibt.

Eine Anmerkung zum Schluss. Fast jeder dritte Deutsche findet das Gesundheitssystem schlecht und will es grundlegend umgekrempelt sehen, hat eine Umfrage des IQWiG (Institut für Qualität und Wirtschaftlichkeit im Gesundheitswesen in Köln) unter mehr als 1.400 Bürgern ergeben. Dabei macht vor allem das Verhalten von Medizinern den Menschen zu schaffen.

Irene Barth

Henni – Ein 8-jähriger Störenfried

Im Rahmen des Sommerferienprogramms einer hessischen Kleinstadt leitete ich eine Gruppe von etwa 25 Kindern im Alter zwischen sechs und zehn Jahren. Die Kinder kamen morgens mit dem Bus und blieben bis zum frühen Nachmittag dort.

In unserem Gebäude waren auch andere Gruppen zur selben Zeit untergebracht. Alle Kinder gingen zuerst an die Garderobe, an der jedes einen bestimmten Platz hatte. Danach sollten sie sich zu zweit anstellen, damit jede Gruppe in ihren Raum kam.

Henni war immer recht früh an der Garderobe. Er hatte seinen festen Platz, aber immer gab es Streit mit den direkten Platznachbarn. „Geh weg, das ist mein Haken! Ich bin jetzt hier!"

Auch Kinder, die weiter entfernt standen, konnten schnell mit in den Streit verwickelt werden, wenn sie etwas sagten, was mit ihm zu tun hatte. „Der Henni schubst mich einfach weg von meinem Haken!" „Gar nicht! Lass mich!", entgegnete Henni und schon kämpften sie miteinander. Dann ging er auf sie zu, fasste sie an, schimpfte, sie sollen ihn in Ruhe lassen, rannte zum nächsten Kind usw. In kurzer Zeit waren viele Kinder in einen Streit mit ihm verwickelt. Er selbst fühlte sich ungerecht behandelt und geriet außer sich.

Wenn ich dazukam, konnte er genau erklären, was seiner Meinung nach passiert war und was er als ungerecht empfand. Es fiel ihm schwer, die anderen Kinder ausreden zu lassen. Fremde Meinungen widerstrebten ihm so sehr, dass er sie sofort unterbrechen musste.

In der Zwischenzeit waren fast alle anderen Kinder angekommen. Sie sollten sich zu zweit aufstellen. Für Henni die nächste Hürde: Wenn jemand einem später zu erwartenden Kind den Platz neben sich freigehalten hatte und dieses Kind nun weiter vorne in der

Reihe stand als Henni, der ja schon lange da war, wehrte er sich mit Händen und Füßen dagegen. In diesem Zustand erreichten ihn unsere Worte nicht.

Dann folgte der Weg zu unserem Raum: Die anderen Kinder beschwerten sich immer wieder über Henni und konnten nicht verstehen, was mit ihm los war. In solchen Momenten waren sich fast alle einig, dass Henni gemein sei, schlage und sich nicht stoppen lasse. Am besten wäre er gar nicht in dieser Gruppe. So hatte er immerhin meine Aufmerksamkeit und die der ganzen Gruppe.

Hilfreich war seine Freundin Susi. Sie hielt meistens zu ihm und sorgte für Entspannung aller Beteiligten.

Eines Tages war Henni der Erste und für ein paar Minuten der Einzige. Bei der Begrüßung fragte ich, ob er sich erklären könne, wieso es jeden Morgen zu diesen Streitereien kommt. Er berichtete von seinem Frühstück und von der Tablette, die ihm gegen ADS hilft. Sein Arzt habe ihm das schon angekündigt, dass es immer eine Weile dauern würde, bis die Tablette wirkt.

Mich hatte niemand darauf hingewiesen, dass er am Aufmerksamkeits-Defizit-Syndrom (ADS) litt. Dieser Hinweis war hilfreich für mich. Ich konnte die Situation gelassener nehmen und wusste nun auch, was er wusste.

Damit waren die Schwierigkeiten nicht weg. Die Zeit bis zur Wirkung der Tabletten war weiterhin täglich zu bewältigen.

Im Raum angekommen, beschwerten sich wieder einige Kinder: „Henni hat auf dem Weg an meinen Sachen herumgezupft. Ich hab ihm gesagt, er soll aufhören, aber er hat immer weitergemacht."

Ich verstand, warum unsere Worte ihn nicht erreichten. Die Vergeblichkeit unserer Bemühungen enttäuschte mich.

Wir begannen regelmäßig mit einem Lied. Auch Henni sang gerne. Daran schloss sich unsere Morgenrunde an, in der abwechselnd einmal die Jungen, einmal die Mädchen etwas vorzeigen durften, was für die anderen interessant sein könnte.

Etwa ab diesem Zeitpunkt begann die Tablette zu wirken. Es gelang fast immer, dass Henni mit einem vorbereiteten Gegenstand in den Kreis kam, ohne zu drängeln. Auch das, was er uns zeigen wollte, war gut vorbereitet. Die Kinder wollten es sehen und stellten dazu Fragen.

Plötzlich stand Henni in einem völlig anderen Licht, was ihm sichtlich gut tat.

Danach gingen wir an unser Tagesvorhaben. Manchmal griffen wir auf etwas zurück, was wir am Vortag begonnen hatten. Hierbei konnte Henni schnell den „letzten Stand" zusammenfassen. Oder wir begannen eine Bastelarbeit und Henni konnte durch seine vorausschauenden Fähigkeiten anderen Kindern helfen.

Immer wieder ergab sich die Gelegenheit, mit Henni über seine Situation zu sprechen, ohne dass andere Kinder uns dabei zuhörten. „Ich wäre gern anders, aber ich weiß nicht, wie ich das machen soll", sagte er. „Wenn die Tablette wirkt, kann ich das. Vorher kann ich's nicht." Diese kurze, aber direkte Verbindung zu ihm zeigte, dass unsere Bemühungen doch etwas bewirkt hatten und dass er selbst nach einer Lösung suchte. Ich gewann Respekt vor ihm. Mein Zutrauen wuchs. Nach unseren Kurzgesprächen wirkte er auf mich entspannter.

Eines Tages wollte ich Folien am Projektor zeigen. Henni sah das und kam mir gleich zur Hilfe. Von da an nahm ich mir vor, Henni an schwierigen Tagen immer eine Aufgabe zu geben. So konnte er seine überschüssige Energie einer guten Sache zukommen lassen, und die anderen sahen ihn bei einer Tätigkeit, die allen nutzte. Er wurde positiv wahrgenommen.

Wenn es mit dem Anstellen nicht klappte, sprach ich ihn an. Er hatte oft den Eindruck, dass es bei den anderen nicht klappte, bei ihm schon. Ich sollte die anderen ansprechen. Ich sagte, was ich gesehen hatte und bat ihn, neben mir zu laufen (ich laufe zur besseren Übersicht am hinteren Ende der Zweierreihe). Das sollte keine Strafe sein (wir beide verstehen uns ja), sondern die Streitparteien räumlich trennen.

Trotz unserem guten Verhältnis empfand er es als Bestrafung, seinen Platz weit vorne in der Zweierreihe aufgeben zu müssen, noch dazu von mir angeordnet. Er leistete viel Widerstand.

Um uns solche Auseinandersetzungen vor den anderen Kindern zu ersparen, änderte ich die Taktik. Ich flüsterte ihm ins Ohr: „Steh in zwei Minuten hinten in der Reihe, ich verlasse mich auf dich!" Dann wandte ich mich etwas anderem zu und beobachtete nur noch aus dem Augenwinkel, was passierte. Ich konnte mich auf ihn verlassen.

Das Ziel war, dass er bei den anderen Kindern bleiben konnte. Ich erinnerte alle in seinem Umkreis daran, wie wichtig es ist, genug Abstand zum Nachbarn, Vorgänger und Nachfolger zu halten, damit niemand stolpert und es auch niemandem zu eng wird. Das reichte oft schon.

Glücklicherweise lernten auch die anderen Kinder dazu. Sie kannten Henni und sein Verhalten nach einer Weile und gewöhnten sich daran. Im Lauf der Zeit merkte Henni selbst, wenn es nicht so gut lief.

Wir behielten unser „Flüsterabkommen" bei und gingen nebeneinander zu unserem Raum. Henni fragte von sich aus, was er heute für die Gruppe tun könne. Nach kurzem Überlegen kam er meist selbst darauf.

Insgesamt hatte ich über zwei Jahre hinweg immer wieder mit Henni zu tun. Jeder Wechsel in der Gruppenzusammensetzung stellte für ihn eine neue Herausforderung dar. Er bekam auch eine andere Tablettensorte oder vergaß, sie zu nehmen. Dann war es schwer. Und doch konnte ich an kleinen „Zeichen" erkennen, wie bemüht er war, etwas Gutes zu tun.

Eines Tages wurde Henni von seinem Vater abgeholt: „In letzter Zeit kommt Henni begeistert vom Ferienprogramm zurück. Erst hatten wir Bedenken, ihn dort überhaupt hinzugeben, weil es normalerweise immer Schwierigkeiten mit anderen Kindern gibt, egal wo er auftaucht."

In diesem Gespräch erfuhr ich mehr über Henni. Als kleines Kind hatte er Probleme mit den Ohren gehabt. Das war lange Zeit unerkannt geblieben. Erst durch seine undeutlichen Sprechversuche aufmerksam geworden, ging man der Sache nach.

Hatte er als Baby einsam in der Wiege gelegen, weil er die anderen (einschließlich der Eltern) nicht hören konnte? Und später beim Versuch, mit Kindern Kontakt aufzunehmen, war er immer zurückgewiesen worden, weil ihn niemand verstand und er nicht wusste, wie man normalerweise auf andere zugeht?

War ihm auf diese Weise Aufmerksamkeit von Eltern und Gleichaltrigen über einen großen Zeitraum hinweg entgangen, die er nun verzögert einforderte? Lernte er jetzt zeitversetzt, was gesunde Kinder im Kindergartenalter über das Schließen von Freundschaften wissen? War seinem Aufmerksamkeitsdefizit ein Defizit an fremder Aufmerksamkeit vorausgegangen, das er nun versuchte zu stillen?

Genauso wird es gewesen sein. Er war also weder krank noch wirklich schwierig, sondern holte jetzt eine Lebensphase nach, die bei anderen schon früher stattgefunden hatte.

Vermutlich wird Henni immer wieder in Situationen kommen, in denen er massiv Aufmerksamkeit einfordert. Ich sehe jedoch schon jetzt, wie er selbst daran arbeitet, diese zu meistern und wie eine Gruppe lernen kann, Menschen mit schwieriger Ausgangssituation bei ihrer Verhaltensänderung zu unterstützen.

Irene Barth

Rennfahrertage –
Ein unbändiger 9-jähriger Junge

Während meiner Arbeit als Fachlehrerin an einer Grundschule fiel mir Daniel auf, der sich im Morgenkreis nicht auf seinem Stuhl halten konnte. Entweder fiel er runter oder er sprang auf, um genau zu sehen und anzufassen, was ein anderes Kind im Kreis vorstellen wollte. „Oh, zeig mal, das hab ich auch! Das kann fliegen! Ich hab das schon mal ausprobiert ...“ Dabei ließ er sich nicht stoppen. Eine einmal begonnene Bewegung oder Äußerung musste erst zu Ende geführt werden, bevor er wieder aufmerksam sein konnte.

Regelmäßig kam es zu Tumulten. Seine Klassenkameraden kannten ihn zwar, waren aber stets aufs Neue genervt, da er sich nicht an die Regeln hielt. „Mensch, Daniel, setz dich halt mal hin, wir wollen auch was sehen!“ Oft genug zog ihn jemand an seinen Platz zurück.

Der Ausschluss aus dem Kreis führte dazu, dass Daniel sich von seinem Platz am Tisch aus ständig mit Kommentaren bemerkbar machte oder dass er am Boden kriechend das Klassenzimmer nach interessanten Gegenständen absuchte. Was ihm durch den Kopf ging, wurde lautstark verkündet.

Die anderen Kinder konnten sich dadurch schlecht auf das Kreisgespräch konzentrieren und so mussten wir häufig abbrechen, bevor alle Kinder an der Reihe gewesen waren.

Hefteinträge fielen ihm schwer. Es dauerte, bis er sich in seiner Tasche zurechtfand. Als Federmäppchen und Heft auf dem Tisch lagen, gab es in den Heften der Sitznachbarn viel zu entdecken: „Die Lena hat was ganz anderes gemalt, das passt da gar nicht!“

Hatte er dann endlich angefangen, brauchte er viel Zeit, weil ihm zu jedem Wort viele Assoziationen kamen, die er dann sofort an die Klasse weitergeben musste.

Gleichzeitig spitzte sich die Situation in der Klasse zu. Die Mitschüler hatten herausgefunden, wie leicht Daniel abzulenken war, und flüsterten ihm während der Stunde ständig „lustige Sachen" zu. Daniel lachte und lachte. Er war nicht in der Lage zu filtern: Wichtige und unwichtige Impulse prasselten auf ihn ein. Er war der Situation machtlos ausgeliefert.

Besonders schwierig waren seine „Rennfahrertage": Bei jeder erdenklichen Gelegenheit rief er: „Ich bin ein Rennfahrer." Die anderen lachten, es wurde laut, er wiederholte: „Rennfahrer! Ich bin ein Rennfahrer!" Dazu bewegte er sein Federmäppchen wie ein Steuerrad.

Ich sprach mit seiner Mutter über Daniels Verhalten. Dieses Verhalten kannte sie auch von Zuhause. Sie erzählte, dass die Eltern getrennt leben. Daniel und sein älterer Bruder leben bei ihr und sehen ihren Vater jedes zweite Wochenende. Daniel wünschte sich seit langer Zeit, alleine (ohne seinen Bruder) mit ihr zu basteln.

Wir einigten uns auf ein gemeinsames Vorgehen: Ich wollte ihn einzeln setzen und stärker aktiv ins Unterrichtsgespräch einbinden. Sie wollte zuhause darauf achten, dass sein Schreibtisch vor Arbeitsbeginn leer ist und in der Nähe keine (inspirierenden) Gegenstände stehen. Für zu Hause und in der Schule wurden klar verständliche Belohnungssysteme verabredet. Als Belohnung stellten wir eine Viertelstunde Basteln mit der Mutter in Aussicht, wenn es ihm gelang, in drei aufeinander folgenden Stunden nicht zu stören. Diese Maßnahmen wurden schriftlich festgehalten. Durch das Hausaufgabenheft informierten wir uns gegenseitig über Fortschritte.

Die klaren Strukturen führten bei Daniel zu mehr Überblick über Stifte und Hefte. Sein Platz ganz vorne in der Klasse bewirkte eine deutliche Verbesserung der Konzentration.

Vom neuen Punktesystem profitierten alle Kinder, denn es galt auch für sie. Jedes Kind war stolz darauf, auf der positiven Liste zu stehen, Daniel ganz besonders. Sein Ansehen in der Klasse wuchs. Und die angekündigte Viertelstunde Basteln mit der Mutter motivierte ihn stark.

Eines Tages sprachen wir über alles, wofür wir Gott danke sagen wollten. Daniel dankte für seinen Bruder: „Wenn ich den nicht hätte, wäre mir beim Papa noch viel langweiliger."

Nach dem Unterricht sprach ich ihn auf das Gesagte an. Er berichtete, dass der Vater sie mit zu seiner neuen Freundin nahm, sich aber nicht mit ihnen beschäftigte.

War er dem Vater egal? War er nicht wichtig genug? Warum interessierte sich der Vater nicht für ihn, nicht einmal an den wenigen Tagen, die sie gemeinsam verbrachten? Ging sein ständiges Einfordern von Aufmerksamkeit darauf zurück, dass er von einem der wichtigsten Menschen in seinem Leben so wenig Aufmerksamkeit erhielt?

Ich: „Weiß dein Vater, dass ihr das langweilig findet?" Daniel: „Wir haben's ihm noch nicht gesagt."

Bald darauf erfuhr ich, dass Daniel gerne am Computer saß. Er liebte Autorennen. Aber auch Hausaufgaben, die am Computer erledigt werden konnten, weckten sein Interesse. So fertigte er ein Schaubild über Haustiere, das anschließend im Klassenzimmer aufgehängt wurde. In der Pause erzählte er mir, wie er an dieses Bild gekommen war. Wie er gemeinsam mit seiner Mutter getüftelt hatte, bis es klappte.

Ich war begeistert. Ich fragte ihn, ob ich das Schaubild evtl. behalten dürfte. Dann könnte ich beim kommenden Jahrgang sein Plakat zeigen und sagen, dass es von ihm war (die Kinder kennen einander). Er freute sich sehr und sagte: „Ja, klar!"

Wenig später kündigte sich wieder ein „Rennfahrer-Tag" an. Anschließend in der Pause sprach ich ihn an: „Steckt heute wieder ein Rennfahrer in dir?" Daniel: „Kann sein." Ich: „Wie kann ich dich unterstützen? Oder gibt es etwas, was *du* tun kannst, *bevor* der ,Rennfahrer' losgeht?" Er: „Ja, wenn meine Hände beschäftigt sind, z. B. mit Malen, dann wird es besser." Seitdem nimmt er sich selbständig ein Blatt aus dem Schmierpapierstapel, was bei ihm in diesen Situationen zusätzlich Unruhe abbaut.

Am Ende unserer gemeinsamen Zeit kam Daniel oft von sich aus auf mich zu und sprach mich an. In entspannter Atmosphäre erzählte er von seinen Wochenenden beim Vater: Sein Bruder und er hatten sich ein Herz gefasst und mit dem Vater gesprochen. Sie mochten die neue Freundin, aber sie wollten sich nicht länger langweilen.

Daraufhin plante der Vater die Wochenenden anders. Sie gingen nun ins Schwimmbad, ins Kino oder zum Wandern. Es machte viel mehr Spaß. Und Daniels Verhalten besserte sich immer mehr.

Die klare Linie und die positive Zuwendung haben Daniel sehr gut getan. Durch sein eigenes Engagement konnte er die Situation zu seinen Gunsten verändern. Wichtig war auch die Bereitschaft beider Eltern, sich an der Verbesserung der Lage zu beteiligen. Das kann bei einer Trennung manchmal schwierig sein. In Daniels Fall war es der Dreh- und Angelpunkt für das Gelingen. Sobald der Vater sich ihm wieder zuwandte, regulierte sich Daniels Verhalten in der Schule.

Es liegt mir fern, den Eltern die „Schuld" an Daniels Problem zuzuschreiben. Eine familiäre Trennung ist für alle Beteiligten mit Schmerzen verbunden und manchmal nicht vermeidbar. Gleichzeitig ist aber durchaus denkbar, dass das dauerhafte Fehlen eines Elternteils und die dadurch entgangene Aufmerksamkeit ein Bedürfnis nach Ersatz schaffen. Dann ist ein „Aufmerksamkeits-Defizit-Syndrom" als Notruf nach mehr Aufmerksamkeit zu verstehen.

Steffen Heger

Stark sein! – Ein junger Macho[1]

Wenn Patienten wegen körperlicher Beschwerden zum Arzt gehen, erwarten sie, dass der Arzt schon weiß, was zu tun ist. Er soll untersuchen, eine Diagnose stellen und ein Rezept schreiben. Und wenn sich der Patient an die Verordnung hält, wird er wieder gesund. In der Psychotherapie stehen am Anfang zwar auch körperliche oder seelische oder zwischenmenschliche Symptome. Und der Therapeut sollte natürlich in der Lage sein, eine Diagnose zu stellen. In der eigentlichen Behandlung aber soll der Patient dazu angeleitet werden, seine Probleme selbst zu lösen.

Ein junger Mann betritt meine Praxis. Er ist mittelblond, mittelgroß, braungebrannt. Durch die Bräune nehme ich seine Akne erst auf den zweiten Blick wahr, mache mir aber zunächst keine Gedanken darüber. Er trägt ein knappes T-Shirt, abgewetzte Jeans und Cowboystiefel. Unter der Kleidung zeichnet sich eine kräftig-muskulöse Figur ab.

Was ihn zu mir führe, will ich wissen. Er habe merkwürdige Anfälle. Angefangen habe es vor etwa einem Jahr während eines Kurzurlaubs mit der Freundin in Spanien. Dort lag er am Hotel-Pool in der Sonne, als urplötzlich und aus heiterem Himmel sein Herz anfing zu rasen. Blitzartig trat ein Engegefühl in der Brust auf.

Der Notarzt kam. Untersuchte. Brachte ihn mit Gelassenheit ins Krankenhaus. EKG, Blutuntersuchung, Röntgen. Nach einigen Stunden stand fest: kein Herzinfarkt. Auch sonst nichts Ungewöhnliches festzustellen. Gott sei Dank. Was das wohl gewesen sein könnte? Es blieb Ratlosigkeit. Und eine unterschwellige Verunsicherung. Er ertappt sich dabei, wie er immer wieder seine

---

[1] In dieser Geschichte habe ich Vorsorge getroffen, dass individuelle Patienten nicht wiederzuerkennen sind und die ärztliche Schweigepflicht somit gewahrt bleibt.

Umgebung auf die Verfügbarkeit medizinischer Hilfe überprüft. Der Urlaub ist sowieso bald zu Ende. Endlich nach Hause.

Auf dem Rückflug ging es wieder los. Die herbeigerufene Stewardess informierte den Kapitän über den medizinischen Notfall. Der legt nicht ab, alarmiert den Notarzt. Blaulicht, Krankenhaus. EKG, Blutuntersuchung. Nein, kein Infarkt. Und jetzt? Rückreise per Flugzeug? Ausgeschlossen. Was wäre, wenn ihm das in neuntausend Metern Höhe passiert? Also nach Hause mit der Bahn. Und dort zum Hausarzt.

Nach zwei längeren Gesprächen und nach Sichtung der mitgebrachten Befundberichte meiner Kollegen bin ich mir sicher: Nein, er ist weder herzkrank noch verrückt, sondern er hat Panikattacken. Aber warum?

Um den Ursachen auf die Spur zu kommen, sollte man sich ein genaues Bild über die Lebensgeschichte und über die Lebenssituation sowohl bei Ausbruch der Erkrankung als auch beim Wiederauftreten der Symptome machen. Die Lebensgeschichte mit dem Patienten zu rekonstruieren, ist immer eine spannende Angelegenheit. Wie viel es zu berichten gibt, hängt nicht nur vom Alter des Patienten ab, sondern auch von seinem Erinnerungsvermögen und seiner Bereitschaft, über sich zu berichten. Außerdem gibt es bewegte und weniger bewegte Leben. Die bewegten sind oft spannender. Aber es gibt eine Grenze. Manche Menschen haben so schreckliche Dinge erlebt, dass es auch für einen erfahrenen Therapeuten nicht immer einfach ist, das alles wegzustecken. Deswegen müssen Therapeuten ganz besonders gut für sich selbst und für ihr Wohlbefinden sorgen.

Die Lebensgeschichte meines neuen Patienten hatte einiges zu bieten. Nachdem er nun wusste, dass ich ihn nicht für verrückt hielt, war er auch eher bereit, mir einiges über sich zu erzählen. Ich erfuhr, dass er mit einem kranken Vater aufgewachsen war. Soweit der Patient zurückdenken konnte, hatte der Vater unter der Parkinson-Krankheit gelitten. Diese neurologische Erkrankung geht mit schweren Bewegungsstörungen einher. In fortgeschrittenem Stadium werden die Betroffenen pflegebedürftig. Der Patient musste als Kind und Jugendlicher miterleben, wie der Vater im Laufe der Jahre immer hilfloser wurde. Parkinson-Patienten erleiden diese Einschränkungen bei klarem Verstand. Und so war es kein Wunder, dass der Vater außerdem immer depressiver wurde, was seine Hilflosigkeit noch verstärkte. Hinzu kam, weil der Vater stark rauchte und hohen Blutdruck hatte, eine Herzerkrankung mit Angina-Pectoris-Anfällen. Weil der Vater schon in jungen Jahren krankheitsbedingt erwerbsunfähig geworden war, war die Familie auf den Zusatzverdienst der Mutter angewiesen. Die Arbeitsteilung sah meist so aus, dass der Patient nach der Schule zuhause beim Vater blieb und die Mutter zur Arbeit ging. Und während andere Jungs sich mit der Stärke ihres Vaters identifizieren und selbst später zu starken Männern heranreifen können, fühlte sich der Patient auch als Erwachsener im Grunde so schwach, wie er seinen Vater erlebt hatte. Dennoch hatte er seinen Vater lieb und hing an ihm. Denn es gab auch Tage, an denen die Medikamente des Vaters richtig gut wirkten. An diesen Tagen kuschelte sich der Sohn auf dem Sofa an seinen Papa und hörte zu, wie der ihm Geschichten erzählte. So blieb im Verhältnis zum Vater eine schwer verdauliche Mischung aus Liebe und Enttäuschung. Die Mutter war auch viel zu beschäftigt mit der Versorgung ihres Mannes und mit ihrer Arbeit, als dass sie sich viel Zeit für ihren Sohn hätte nehmen können. Auf Streicheleinheiten von Mutter hoffte er meist vergebens. Ihm blieb nichts anderes übrig, als früh selbständig zu werden und sich seine Zärtlichkeitsbedürfnisse zu versagen. Beide Eltern waren inzwischen verstorben. Der Vater war eines Tages plötzlich tot umgefallen. Herzinfarkt, hatte der Notarzt gesagt und der Mutter sein Beileid ausgesprochen. Die Mutter war ein Jahr später auch verstorben.

Die Vorstellungen des Patienten von Psychotherapie waren anfangs von einer passiven Erwartungshaltung geprägt. Er wollte sich mir anvertrauen und sich von mir führen lassen. Wie von dem starken Vater, den er sich immer vergeblich gewünscht hatte.

Wenn der Patient sich dem Therapeuten gegenüber so verhält wie gegenüber seinen frühen Bezugspersonen, aber auch wenn er sich von ihm die Erfüllung früher unerfüllter Bedürfnisse erhofft, nennt man das in der Psychotherapie „Übertragung". Ich spürte den Impuls, ihn wie ein Kind an der Hand zu nehmen, zu beschützen und zu trösten. Das nennt man entsprechend „Gegenübertragung". Beides ist in Ordnung. Man sollte nur sehr sorgfältig damit umgehen.

Was ich ihm empfehle? Psychotherapie? Ihm war zwar noch nicht klar, wozu das viele Reden gut sein sollte, wo er doch nicht verrückt war, sondern möglicherweise ein Herzproblem hatte, aber irgendwie stimmte die Chemie zwischen uns und so tat er mir den Gefallen, wie er meinte. Schließlich könne man es ja mal versuchen. Und schließlich war ich ja auch Arzt und er daher bei mir in Sicherheit, falls etwas passieren sollte.

In den ersten Monaten der Psychotherapie traten noch wiederholt Panikattacken auf, allerdings immer außerhalb der Therapiestunden. Die Häufigkeit der Attacken nahm jedoch ab. Mit der Zeit konnte der Patient meine zwar interessierte und seine Beschwerden ernst nehmende, aber dennoch zuversichtliche Haltung „Sie haben diese Beschwerden, aber Ihr Herz ist gesund und Sie werden nicht sterben" übernehmen. Sie gab ihm Sicherheit, mit der er sich allmählich identifizieren konnte.

Er erzählte mir in den Sitzungen von der Arbeit, von seiner Freundin und von seiner Freizeit. Bis ich irgendwann einen Zusammenhang sah: seine Akne, die kräftige Muskulatur, der regelmäßige Besuch eines Fitnessstudios! Ich riskierte eine direkte Nachfrage: „Nehmen Sie eigentlich Anabolika?" Seit einigen Jahren. Immer mal wieder. Jeweils für einige Wochen … Nun ließ ich mir detailliert schildern, was er geschluckt und gespritzt hatte. Anabolika können nämlich nicht nur schwerste körperliche Schäden verursachen. Eine häufige Todesursache bei jungen Bodybuildern mit Anabolika-Missbrauch ist tatsächlich der Herzinfarkt. Jeder zweite Konsument bekommt eine mehr oder weniger schwere Akne. Darüber hinaus haben Anabolika auch psychische Nebenwirkungen. Diese reichen von Depressionen bis hin zur Selbsttötung, von psychotischen Schüben bis hin zu unkontrollierter Aggressivität. Und ich vermutete, dass sie bei meinem Patienten das Auftreten der Panikattacken begünstigt haben können. Dennoch waren sie vermutlich nicht die alleinige Erklärung.

Wenn Patienten selbstschädigende Verhaltensweisen zeigen, versuche ich den erhobenen Zeigefinger zu vermeiden. Ich weise die Patienten auf das Verhalten hin. Stelle sicher, dass sie sich über die möglichen Konsequenzen ihres Verhaltens im Klaren sind, und dann versuche ich mit ihnen die Gründe dafür herauszufinden. Es sei denn, akute Gefahr ist im Verzug.

Es war für den Patienten selbst eine neue Erkenntnis, wie sehr er in Kindheit und Jugend unter der beschriebenen häuslichen Situation gelitten hat. Schwäche und Krankheit waren ihm ein Graus. Er verband sie mit Hilflosigkeit, mit Abhängigkeit und eingesperrt sein. Wie im Flugzeug, wenn die Tür geschlossen wird. Nie wollte er so schwach sein wie sein kranker Vater! Nie wollte er so mittelmäßig sein, wie er sich selbst erlebte. Dieses Gefühl der Mittelmäßigkeit machte er vor allem an seinem Körper fest: Körpergröße durchschnittlich, Schuhgröße durchschnittlich, Kleidergröße M. Im Schulsport wurde er immer als letzter für die Fußballmannschaft ausgewählt. Das schwächte sein Selbstwertgefühl. Nach dem Abitur entdeckte er das Fitness-Studio als Möglichkeit, seinen Traum von Stärke zu verwirklichen. Da er zwar nur durchschnittlich groß, aber überdurchschnittlich ehrgeizig und diszipliniert war, nahm er das Training ernst und sah bald die ersten Erfolge, die ihn mit Stolz erfüllten. Er fühlte sich anders, bewegte sich anders, sah besser aus, wie er fand, und hatte auch bald die erste Freundin. Nach zwei oder drei Jahren ging es dann aber mit dem Training nicht mehr so richtig voran. Das machte ihn wieder unzufrieden: Was tun, wenn man fünf Mal pro Woche trainiert und trotzdem keine Erfolge sieht? Das ist die typische Situation, in der Freizeitsportler die Chemie zu Hilfe nehmen. Epidemiologischen

Untersuchungen zufolge hat jeder fünfte bis jeder vierte männliche Fitnessstudio-Besucher schon einmal gedopt. An die Substanzen zu kommen, ist meist kein Problem. Irgendeiner kennt immer einen, der einen kennt, der eine gute Quelle hat. Meist handelt es sich um Schmuggelware ungewisser Herkunft. In den Packungen ist häufig nicht das drin, was draufsteht. Das macht den Gebrauch umso gefährlicher. Dennoch: Wer bezahlt, kann alles bekommen, was er will. So machte er seine ersten Erfahrungen mit Anabolika über einen Kumpel aus dem Fitnessstudio. Und natürlich sah er Erfolge! Die Bewunderung seiner ahnungslosen Umgebung bestärkte ihn. Nach diesem ersten Erfolgserlebnis machte er immer mal wieder eine Anabolika-„Kur". Die Dosierungen waren vergleichsweise vorsichtig. Auch nahm er keine Kombinationen und keine zusätzlichen „Hilfen", wie sie in der Szene häufig verwendet werden. Dafür war er glücklicherweise doch zu besorgt um seine Gesundheit.

Mit der ersten Freundin war es irgendwann vorbei, weil sie das Gefühl hatte, der Sport sei ihm wichtiger und weil sie von seiner plötzlich massiv gesteigerten Libido – auch das eine Nebenwirkung, zumindest zu Beginn der Einnahme – irritiert war.

Nach einiger Zeit hatte er eine neue Freundin. Mit der allerdings stellte sich bald ein Unwohlsein ein, das der Patient lange nicht in Worte fassen konnte. Sie war gut aussehend, intelligent und reizvoll. Dennoch: Irgendetwas fehlte. Der Patient spürte Langeweile, hatte Ausbruchsfantasien. Es dauerte lange, bis wir in der Therapie herausfanden, was er vermisste. Wir arbeiteten bereits seit einigen Monaten zusammen. Nachdem er mich inzwischen seit längerem als eine Mischung aus väterlichem Freund und Kumpel erlebte, war es ihm endlich möglich, von seiner ungestillten Sehnsucht nach Geborgenheit und Zärtlichkeit zu sprechen. Seine Freundin erlebte er als unterkühlt. „Die nimmt mich nie in den Arm! Manchmal will ich einfach nur gehalten werden …" Es war nicht schwer, den Zusammenhang mit den unerfüllten Sehnsüchten nach Zärtlichkeit im Verhältnis zu seiner Mutter herzustellen. Lange hatte er sich diese Wünsche nicht eingestanden, hatte versucht, sie hinter der pseudoautonomen Macho-Fassade zu verstecken und so das Leiden seiner Kindheit zu verdrängen. Im Spanien-Urlaub, so stellte er rückblickend fest, hatte er dieses Defizit an Zärtlichkeit wohl besonders gespürt, allerdings ohne sich dessen bewusst zu werden. Der Zusammenhang mit der ersten Panikattacke erschien ihm rückblickend ebenso plausibel wie mir. Er ging in der weiteren Therapie durch eine Phase der Traurigkeit, in der er sich noch einmal mit den emotionalen Entbehrungen der Kindheit auseinandersetzte. Bald danach beendete er die Beziehung zu seiner Freundin.

Als wir nach insgesamt zwei Jahren die Behandlung beendeten, hatte er schon seit langer Zeit keine Panikattacken mehr gehabt. Er trieb weiterhin regelmäßig Sport und fühlte sich in seinem Körper auch ohne Anabolika wohl. Meist fühlte er sich von innen heraus stark genug, um dem Leben gewachsen zu sein. Auf Macho-Allüren war er nicht mehr angewiesen. Er hatte aber auch akzeptiert, dass er manchmal „schwach" und traurig und hilfsbedürftig sein durfte und damit angenommen wurde. In der Therapie hatte er gelernt, dass solche Phasen zum Leben gehören und dass er sie selbstverständlich überstehen würde. Er genoss die Momente der „Schwäche" mit seiner neuen Freundin, die von seinem Kuschelbedürfnis sehr angetan war.

Steffen Heger

Schwul werden – Ein schwuler Student[1]

Es ist immer wieder interessant, welche „Eintrittskarte" Patienten wählen, wenn sie erstmals anrufen, um einen Gesprächstermin zu vereinbaren. „Ich habe Ihre Adresse vom Checkpoint." Aha. Der Checkpoint in Köln ist eine Gesundheitsberatung speziell für Schwule und Lesben. Dorthin können sich Patienten wenden, wenn sie auf der Suche nach einem Arzt sind, der mit ihrer spezifischen Situation vertraut ist. Der Einstieg war also ein Outing. Zwar indirekt, aber deutlich genug. Herr N. war Student, somit zeitlich flexibel, was ein Erstgespräch bereits kurze Zeit später möglich machte.

Seit nunmehr schon fast einem Jahr fühle er sich meist traurig verstimmt. Es falle ihm schwer, sich zu irgendetwas aufzuraffen. Zu nichts habe er so richtig Lust. Was ihm früher Spaß gemacht habe, interessiere ihn nicht mehr.

Er studiere Jura. Das sei immer sein Wunsch gewesen; Gerechtigkeit ein Lebensziel. Er sei bisher im Studium auch recht erfolgreich gewesen. Aber seit es ihm immer schlechter gehe, müsse er sich sogar zu den Unterrichtsveranstaltungen immer häufiger zwingen. Von seinen Freunden und Kommilitonen habe er sich in letzter Zeit weitgehend zurückgezogen. An manchen Tagen habe er morgens nicht einmal mehr die Energie aufzustehen. Dann liege er fast den ganzen Tag im Bett. Manchmal überkämen ihn Weinkrämpfe. Und immer häufiger habe er auch schon den Gedanken gehabt, sich „wegzumachen". „Wegmachen?" – Er fing an zu weinen.

---

1 In dieser Geschichte habe ich Vorsorge getroffen, dass individuelle Patienten nicht wiederzuerkennen sind und die ärztliche Schweigepflicht somit gewahrt bleibt.

Suizidgedanken sind ein häufiges Thema bei depressiven Menschen. Sie stellen die gefährlichste Komplikation einer depressiven Phase dar. Depressionen sind also eine potenziell lebensbedrohliche Erkrankung. Wenn ein Patient von Suizidgedanken spricht, hat dies zunächst Vorrang vor anderen Themen. Viele Gesprächspartner würden dieses Thema instinktiv vermeiden, manchmal mit der Begründung „Ich will doch niemanden auf dumme Ideen bringen." Die meisten Betroffenen empfinden es sogar als große Entlastung, wenn sie endlich mit jemandem offen darüber sprechen können, der diese Gedanken ernst nimmt und nicht moralisch bewertet. Also wollte ich es genauer wissen: wie häufig solche Gedanken kämen, wie lange sie anhielten, ob er sich schon konkret überlegt habe, auf welche Weise er sich das Leben nehmen wollte (je konkreter die Gedanken, umso akuter die Gefährdung), ob er schon Vorbereitungen getroffen oder gar bereits einen Versuch unternommen habe. Und ganz wichtig: Was ihn denn bisher davon abgehalten habe. Starke familiäre oder religiöse Bindungen zum Beispiel können ein Schutz sein. Manchmal rettet die Liebe zum Haustier das Leben.

Solche familiären und religiösen Bindungen waren bei Herrn N. durchaus vorhanden, aber leider waren sie problematisch.

Aufgewachsen als Sohn einer protestantischen Pfarrersfamilie in Norddeutschland war er in seiner Kindheit und Jugend fortgesetzter religiöser Indoktrination vor allem durch den ansonsten emotional wenig verfügbaren Vater ausgesetzt. Die Atmosphäre im Elternhaus war schwer und lustfeindlich. Statt Spielen und Herumtoben gab es Katechismus. Früh fanden Vorstellungen von Schuld und Sünde Eingang in die Gedankenwelt des Patienten. Dass er mehr an anderen Jungs interessiert war als an Mädchen, hatte er schon in der Grundschule bemerkt. Weil seine Begierden gar nicht dem entsprachen, was ihm überall vorgelebt und als normal präsentiert wurde, hatte er über lange Zeit hinweg versucht, sich an die gängigen Klischees, Vorstellungen und impliziten Erwartungen einer heterosexuellen Gesellschaft anzupassen.

So wuchs er auf mit dem Gefühl, „nicht normal" zu sein, nicht dazuzugehören, und er bevorzugte, sich im Hintergrund zu halten. Als er älter wurde, lernte er die Bedeutung des Begriffs „Homosexualität" kennen. Es waren keine freundlichen Beschreibungen, die ihm da begegneten. Vor allem dümmliche Witze. Nichts, womit er sich identifizieren wollte. Dennoch spürte er, dass etwas Derartiges im Untergrund rumorte.

Vor drei Jahren war er zur Aufnahme seines Studiums zu Hause ausgezogen. Im ersten Semester lernte er einen Kommilitonen namens Oliver kennen, der schwul und an der Uni politisch engagiert war. Ihn beobachtete Herr N. zunächst. Es dauerte ungefähr ein Jahr, bis Herr N. sich ein Herz fasste und Oliver ansprach: Er sei sich nicht sicher, frage sich seit langem, ob er vielleicht auch, ähm, also … Aber irgendwie wisse er nicht so recht… Oliver lachte offen, sah ihn sehr freundlich und doch ein wenig herausfordernd an: „Sag's!" Herr N. guckte zu Boden. Da legte Oliver ihm die Hand auf den Arm und sagte leise: „Ich glaube, das finden wir schon raus." In den folgenden Monaten lernte Herr N. mit sehr viel Herzklopfen eine neue Welt kennen: die Schwulenszene der Großstadt. Die war erstaunlich vielfältig. Selbst wenn dort manche etwas bunter waren als die Jungs und die Männer in seiner Heimat, so waren doch die meisten wider Erwarten erstaunlich „normal". Hatte er etwa selbst Vorurteile gehabt? Herr N. machte die schönste Erfahrung seines Lebens. Zum ersten Mal verspürte er dieses unglaublich befreiende Gefühl der Stimmigkeit: Ja, genau das war es. Hier gehörte er hin. Hier gehörte er dazu. Das war er! Und er war keineswegs allein! „Oliver", sagte er irgendwann und blickte dabei seinem neu gewonnenen Freund fest in die Augen, „ich bin schwul." Und fühlte sich gut.

Das Glück war von kurzer Dauer. Voller Euphorie, sich endlich gefunden zu haben, eröffnete er sich beim nächsten Besuch in der Heimat seinen Eltern. Die Reaktion war vernichtend. Mutter weinte, der Vater wirkte noch versteinerter als sonst. Beide Eltern waren der Auffassung, irgendjemand müsse ihn wohl „verführt" und ihm diese „neumodischen Ideen" in den Kopf gesetzt haben. Man hätte es wissen müssen! Die Großstadt sei immer ein Sündenpfuhl gewesen. Er solle dagegen ankämpfen, anstatt seinen Eltern unnötigen Kummer zu bereiten. Das könne man schließlich von ihm erwarten, bei allem was man für ihn getan habe. Wollte er schuld sein, wenn sie niemals Enkelkinder bekämen? Und ob er denn gar keine Angst vor AIDS habe? Herr N. war fassungslos.

Danach wurde das Thema totgeschwiegen. Wohl hätten ihn seine Eltern fortan argwöhnisch beäugt. Mit noch größerer Regelmäßigkeit erhielt er Kontrollanrufe der Mutter, in denen sie ihm in weinerlichem Ton misstrauische Fragen nach seinem Lebenswandel stellte. Dabei sprach sie ihre eigentlichen Fragen niemals direkt aus.

Herr N. war zutiefst verletzt. Dennoch konnte er nicht auf die Liebe seiner Eltern verzichten. Vielleicht hatten sie recht? Hatte er sich „verführen" lassen? War Oliver schuld? Er zog sich zurück. Versuchte sich anzupassen und seine Homosexualität zu verdrängen. Er fühlte sich bestätigt in dem Gefühl, dass seine Bedürfnisse in der Familie niemanden interessieren. Dass er einmal versucht hatte, sich von den Projektionen seiner Eltern zu emanzipieren, seinem wahren Selbst mehr Raum zu geben, führte bei ihm zu erheblichen Scham- und Schuldgefühlen. „Du sollst deine Eltern lieben und ehren" hatte er gelernt. Er steckte in der Klemme.

Ablenkung war immer seine Lösungsstrategie im Umgang mit unangenehmen Gefühlen gewesen. Und so verhielt er sich auch diesmal. Er stürzte sich in die Arbeit. Und so kam er schließlich zu mir. „Diese Kompensation funktioniert nicht mehr", sagte er. „Das macht mir Angst. Ich merke jetzt, dass ich mich endlich mit mir beschäftigen muss."

Es gibt bei Schwulen einige typische Krisensituationen, in denen psychotherapeutische Unterstützung notwendig werden kann. Bei Herrn N. ging es primär um das Coming-out. Aber sekundär auch um die innere Ablösung vom Elternhaus. Beides war hier miteinander verwoben. Zum Coming-out gehört wesentlich die eigene Akzeptanz der sexuellen Orientierung. Denn nur wer zu sich selbst steht, kann seine Belange auch nach außen vertreten. Hier ist es unbedingt nötig, dass der Therapeut eine zumindest wertfreie und akzeptierende Haltung gegenüber verschiedenen sexuellen Orientierungen glaubhaft vertritt. Darüber hinaus sollte der Therapeut die Lebenswelt seiner Patienten kennen und ihre Sprache sprechen.

Bedingungslose Akzeptanz ist wichtig. Dennoch sollte man sich vor der Verleugnung von Problemen hüten. Herr N. hatte diese irritierende Erfahrung gemacht. Auf der Suche nach einem Therapeuten hatte er sich zunächst der Mitarbeiterin einer Familienberatungsstelle anvertraut. „Sie hat zu mir gesagt, schwul sein sei doch heutzutage gar kein Problem mehr." – „Und wie denken Sie darüber?" – „Sie hat das wohl nett gemeint. Aber ich hatte nicht das Gefühl, dass sie mich versteht."

Die depressive Symptomatik des Patienten besserte sich im Lauf der ersten Gespräche zunächst rasch. Dazu trugen zwei Faktoren bei: Erstens spürte er, dass ich seine Homosexualität nicht in Frage stellte. Ich betrachtete sie angesichts seiner Entwicklungsgeschichte als Faktum und nahm eine bestätigende und ermutigende Haltung ein. Dadurch konnte er seine Abwehrstrategie „Vielleicht bilde ich mir das ja tatsächlich nur ein …" bald aufgeben. Und er verspürte wieder das befreiende Gefühl, das er erstmals mit seinem Kommilitonen Oliver erlebt hatte.

Natürlich geriet er damit bald in einen neuen inneren Konflikt, saß er doch jetzt wieder zwischen zwei Stühlen: hier der Therapeut mit der Haltung „Werde, was du bist", dort die Eltern mit ihrem Anspruch „dagegen anzukämpfen."

Dabei wurde sich Herr N. schließlich auch der Wut auf seine Eltern bewusst. Der Wut darüber, dass sie ihn nicht akzeptierten. Der Wut auf den Vater, der immer so kühl und distanziert war. Der die Liebe seines Sohnes mit Katechismus beantwortete. Und sich vielleicht so vor der unbewusst wahrgenommenen Homosexualität des

Jungen geschützt hatte. Der Wut auf die Mutter, die seine Furcht vor dem Verlust ihrer Liebe benutzte, um ihn zu manipulieren. Der Wut auf beide und ihre Kirche, die ihn mit vordergründig religiös motivierten Verboten und Geboten in Schach hielten. „Du sollst deine Eltern lieben und ehren …"

Als er diese Wut spüren konnte, waren alle Suizidgedanken verflogen. Er bekam einen richtigen Energieschub.

Nach einigen Monaten flaute der Energieschub allmählich ab. Er durchlebte eine sehr viel ruhigere Phase, in der er sich intensiv mit den Verletzungen der Kindheit auseinandersetzte. Er war traurig. Aber diese Traurigkeit war etwas ganz anderes als die frühere Depressivität. Sie war nicht selbstzerstörerisch und nicht bodenlos. Sie war angemessen. Ich erlebte ihn in dieser Zeit als ganz besonders authentisch und ernsthaft. Allmählich fand er immer mehr zu sich. Er teilte seinen Eltern in einem Brief die Fakten mit. Und überließ ihnen die Entscheidung, wie sie damit umgehen wollten.

Als die Therapie zu Ende ging, waren keineswegs alle Probleme gelöst. Aber er war nicht mehr depressiv. Er war deutlich erwachsener geworden. Und ziemlich schwul.

Titel in Anlehnung an das Buch „Becoming Gay" des amerikanischen Psychoanalytikers Richard Isay, der meine Haltung in der Psychotherapie mit schwulen Männern maßgeblich beeinflusst hat.

Diese Geschichte ist Herrn Dr. med. Johannes Ferdinand Michael in Dankbarkeit gewidmet.

Sascha Schmidt

Die Schatten der Kindheit –
Eine ausländische Tagesmutter

Zwei kleine Töchter (ein und drei Jahre) brauchen viel Aufmerksamkeit und Betreuung. Nicht leicht für einen Haushalt, in dem ich als Berater und Coach viel arbeite und unterwegs bin. Meine Frau hat eine Führungsposition in einem internationalen Medienhaus und pendelt zwischen zwei Büros in Deutschland hin und her.

Nach der Geburt unserer ersten Tochter Elsa fing meine Frau sofort wieder an zu arbeiten. Wir fanden eine sehr nette Tagesmutter, die unsere Tochter liebevoll und in unserem Sinne betreute. Es lief alles wunderbar.

Nach der Geburt der zweiten Tochter Emma konnten wir dieses Modell nicht weiterführen. Elsa ging in den Kindergarten und Emma sollte den freigewordenen Platz bei der Tagesmutter einnehmen. Aber: Die Tagesmutter hatte ein eigenes drittes Kind bekommen. Trotz aller Professionalität der Frau litt unsere kleine Emma offensichtlich darunter, im Wettbewerb mit dem leiblichen Kind zu sein. Das äußerte sich durch Schreianfälle beim Hinbringen und Apathie beim Abholen. Eine sehr schwere Zeit für uns als Eltern mit langen Diskussionen über unser Lebensmodell.

Meine Frau sagte mir eines Tages, sie könne so nicht weiter machen. Ihr breche das morgendliche Abgeben von Emma das Herz. Wir beschlossen sofort, das Modell zu ändern und uns eine Tagesmutter exklusiv für Emma in ihre eigene Wohnung zu holen.

Im Internet fanden wir eine Agentur, die Tagesmütter und Haushaltshilfen vermittelte. Uns war wichtig, über eine Agentur zu gehen, um im Streitfall einen Mediator zu haben. Kinderbetreuung ist ein sehr emotionales Thema und eine neutrale Person kann bei Problemen zwischen uns und Tagesmutter hilfreich sein – dachten wir.

Saiha wurde uns von der Agentur empfohlen und ihre Zeugnisse waren gut. Sie war 49 Jahre alt, kam aus Algerien, sprach perfekt Deutsch und lebte bei uns in bequemer U-Bahn-Reichweite. Nach unserem ersten Gespräch waren wir vom Bauch her begeistert. Es passte die Chemie und so fing Saiha bei uns als Tagesmutter und Haushaltshilfe an.

Nach der erfolgreichen Probezeit wurde Saiha immer anfälliger für grippale Infekte und weitere Krankheiten. Wir schoben dies auf das ungemütliche Frühjahrswetter und die Viren aus dem Kindergarten. Aber Saiha schien sich nicht mehr richtig zu erholen. Die Rückfälle häuften sich. Mir gegenüber schien sie eine Verpflichtung zu spüren, so dass sie mehrmals trotz Erkrankung zur Arbeit kam. Ich schickte sie nach Hause mit dem Auftrag, richtig gesund zu werden, bevor sie wiederkäme.

Nach einer Woche ging es ihr oft besser, aber der Rückfall ließ nicht lange auf sich warten. Ihr selbst was das sehr unangenehm, gepaart mit der Angst vor einer Kündigung. Für uns war es sehr belastend, denn die Betreuung rechnete sich nur, wenn ich voll arbeiten konnte. Bei fehlender Betreuung sprang ich aber als Vater ein und konnte in der Zeit nur eingeschränkt arbeiten.

Kurz vor ihrem 50. Geburtstag war sie wieder plötzlich krank, d. h. sie hatte Fieber und starke Kopfschmerzen. „Ich halte es nicht aus, aber es muss ja sein", war ein oft gehörter Satz. Ich fragte, ob denn dies eventuell mit ihrem 50. Geburtstag zusammenhänge. Sie verneinte vehement. Später erzählte sie mir, dass ihr Sohn ihr gesagt habe, dass er mit 18 Jahren ausziehen wolle. Seitdem leide sie wieder an den Schmerzen. „Wer kümmert sich dann um mich?", und: „Ich will nicht alleine sein" waren ihre letzten Worte, bevor sie nach Hause ging.

Vorher erzählte sie mir ihre Geschichte: Im Alter von vier Jahren musste sie nachts mit ansehen, wie ihre Mutter ihren Vater verließ. „Sie ging aus der Tür und war weg – ohne auf Wiedersehen zu sagen. Es war grausam für mich." In Algerien ist es Sitte, dass die

Kinder beim Ernährer bleiben, und so wuchs sie mit einer sprichwörtlichen Stiefmutter auf.

Sie heiratete in jungen Jahren einen Deutschen, um alles hinter sich zu lassen. Sie bekam zwei Kinder, aber diese Ehe scheiterte. Die Kinder waren der Grund für das Scheitern der zweiten Ehe. Ihr zweiter Mann fragte sie, ob sie mit ihm nach Spanien gehe oder mit den Kindern in Deutschland bleiben wolle. Die Entscheidung der Mutter war klar, und der Mann verließ sie innerhalb von 24 Stunden mit Sack und Pack. Da wiederholte sich das Trauma der Kindheit …

Jetzt war sie Tagesmutter in einer intakten Familie. Nachdem ihr Sohn seinen Auszugswunsch mitteilte, brach sie zusammen. Zum dritten Mal wiederholte sich die Geschichte.

Es wurde immer schwieriger, mit Saiha umzugehen. Ein Urlaub sollte ihr helfen, sich zu sortieren. Sowohl als Coach als auch persönlich wollte ich, dass sie gesund wiederkommt und die Anforderungen unseres Vertrags erfüllt. Als Coach und persönlich berührte mich ihre Geschichte. Ich musste eine klare Grenze zu ziehen. So riet ich ihr, ihre Geschichte und Ängste aufzuschreiben. Doch sagte ich ihr auch, dass ich ihr nicht als Coach zur Verfügung stehe. Somit umging ich potentielle Interessenkonflikte in mir. Ich gab ihr Adressen von Menschen, die ihr helfen könnten. Der Schritt müsse aber von ihr ausgehen. Nur sie könne ihre eigene Geschichte aufarbeiten und sich damit von den Schatten der Kindheit trennen. Mit diesem Tipp ging sie in einen zweiwöchigen Urlaub, in dem sie sich im Süden in der Sonne richtig erholen wollte.

Saiha kam aus ihrem Urlaub nicht zurück. Eine Woche lang warteten wir vergeblich auf sie. Dann meldete sie sich wieder. Sie habe wegen Krankheit den Rückflug verpasst und sei eine Woche länger in Spanien geblieben. Für mich das Signal, dass es sehr schwierig wird, zukünftig weiter vertrauensvoll zusammenzuarbeiten. Im Telefonat erklärte ich ihr, dass sie arbeitsrechtlich durch

das nichtentschuldigte Fernbleiben gegen unseren Vertrag versto-
ßen und somit einen Grund für eine Abmahnung gegeben hat.
Diesen Schritt wollte ich gehen, denn neben meinem Mitgefühl
war mir wichtig, sie die Konsequenzen für ihr Verhalten spüren zu
lassen. Ich musste jedoch nicht so weit gehen, denn Saiha kündigte von sich aus den Job. Eines war ihr bewusst geworden: Unser
Familienglück machte sie krank.

Bei einem letzten Gespräch sagte sie, dass ihr Arzt ihr rate, nach
Algerien zu gehen. Dort in ihrem Heimatland und bei ihrer noch
lebendenden Mutter sei ein Schlüssel zur Genesung.

Steffen Heger

Wut im Bauch – Eine 64-jährige Witwe[1]

„Frau A. ist eine 64-jährige Patientin, die vor einer Woche aufgenommen wurde", informierte mich eine Kollegin der gastroenterologischen Klinik[2]. „Sie kam am frühen Morgen als akutes Abdomen." „Akutes Abdomen" heißt „akuter Bauch", also eine einigermaßen dramatische Schmerzsymptomatik im Bauchraum. Dahinter kann alles Mögliche stecken. Von A wie Appendizitis[3] bis Z wie Zöliakie[4]. Weil es bei manchen dieser Erkrankungen tatsächlich um Leben und Tod geht, ist das „akute Abdomen" ein Notfall, und weil die Ursachen so vielfältig sein können, ist es auch eine diagnostische Herausforderung.[5]

„Wir haben sie von oben bis unten durch die diagnostische Mühle gedreht. Aber wir haben nichts gefunden. Sie hat nichts. Definitiv: nichts. Trotzdem hat sie jeden Morgen zwischen vier und sechs Uhr derartige Schmerzanfälle, dass regelmäßig der Nachtdienst zu ihr gerufen werden muss. Vorgestern hat sie der Kollege N. für ein paar Stunden zur Überwachung auf die Intensivstation gelegt. Und heute früh bekam sie von B. sogar eine Morphiumspritze, weil es nicht mehr auszuhalten war." Nicht mehr auszuhalten? Für wen, fragte ich mich. Jetzt überlege man, sie in die Chirurgie zu verlegen, „um mal im Bauch nachzusehen. Obwohl es eigentlich keinen konkreten Verdacht gibt." Aber irgendwie habe sie kein gutes Gefühl dabei, sagte meine Kollegin. Wenn Ärzte gegen ihr Gefühl oder gegen ihre innere Überzeugung zu solchen Maßnahmen grei-

---

1 In dieser Geschichte habe ich Vorsorge getroffen, dass individuelle Patienten nicht wiederzuerkennen sind und die ärztliche Schweigepflicht somit gewahrt bleibt.
2 Gastroenterologie = Lehre von den Erkrankungen der Verdauungsorgane
3 Blinddarmentzündung
4 Eine Verdauungsstörung, die zu Nahrungsmittelunverträglichkeit und kolikartigen Bauchschmerzen führt
5 Gerade bei Hinterwandinfarkten strahlen die Schmerzen nicht selten in den Oberbauch aus und können mit Magen-Darm-Beschwerden verwechselt werden.

fen, hängt das häufig mit Problemen in der Arzt-Patient-Beziehung zusammen. Die Patienten lösen im Arzt durch ihr Verhalten, durch ihre Symptomatik irrationale Reaktionen aus, als ob sie einen Schalter drücken würden. Eine Morphium-Spritze richtet normalerweise keinen bleibenden Schaden an. Aber hier war eine allmähliche Eskalation der Maßnahmen zu befürchten. So sollte es wohl besser nicht weitergehen. „Und du sagst, sie hat nichts?" fragte ich die Kollegin? „Nein, wir haben gründlichst nachgesehen. Da ist nichts." – „Sind tägliche Schmerzanfälle nichts?" fragte ich.

Ich ging zu Frau A. ans Krankenbett und traf auf eine stille und zurückhaltende, aber dennoch wache und aufmerksame ältere Dame. Unser Gespräch erinnerte mich eher an einen Krankenbesuch – ein junger Mann besucht seine einsame ältere Verwandte im Krankenhaus, um ihr eine Freude zu machen. Frau A. war sanft und freundlich. Offen beantwortete sie alle meine Fragen. Sie wirkte geradezu ausgeglichen. Das wunderte mich nun angesichts der dramatischen Vorgeschichte. Ob sie denn gar nicht beunruhigt sei, wollte ich wissen. Na ja, einerseits schon ein wenig, aber andererseits fühle sie sich in der Klinik gut aufgehoben und habe volles Vertrauen in die Ärzte. Die würden schon herausfinden, was ihr fehle. Man müsse eben Geduld haben. Plötzlich spürte ich eine tiefe Traurigkeit in mir aufsteigen. Und den Wunsch, Frau A. zu trösten und zu beschützen. Wo sie doch gar nicht traurig war und gar nicht schutzlos. Merkwürdig. Aber es ist gut, auf solche Gefühle zu achten. Sie können einem manchmal eine Menge über den Patienten erzählen.

Ihre Beschwerden schilderte sie so, wie meine Kollegin es dargestellt hatte. Mehrfach sei sie in den letzten Monaten morgens früh von einem schweren, krampfartigen Bauchschmerz erwacht. „Wie fühlt sich der Schmerz an?", wollte ich wissen. Denn Schmerz ist ein subjektives Erlebnis und daher ist die subjektive Schilderung in den eigenen Worten des Patienten immer interessant. Als ob sie jemand in den Unterbauch treten würde. Jedenfalls seien die

Schmerzanfälle mit der Zeit immer schlimmer geworden. Während sie bei den ersten Malen noch einige Stunden abgewartet und dann ihren Hausarzt aufgesucht hatte, war es beim letzten Mal so schlimm, dass sie sich nicht anders zu helfen wusste, als einen Krankenwagen zu rufen. Und so kam sie in die Klinik.

Das wesentliche Handwerkszeug des Psychosomatikers ist das Gespräch mit dem Patienten. Und solche Gespräche brauchen Zeit. Je mehr man versucht, etwas zu erzwingen, umso weniger Erfolg wird man haben. Effizienzstreben, wenn es um Emotionen geht? McKinsey wäre der Tod der Psychosomatik. In den Gesprächen arbeite ich mich meist von der Gegenwart in die Vergangenheit. In der Gegenwart interessiert neben der Art und der Entwicklung der Beschwerden vor allem die aktuelle Lebenssituation. Frau A. war verwitwet und lebte allein. Ihr nur wenige Jahre älterer Ehemann war vor vier Jahren an seinem dritten Herzinfarkt früh verstorben. Wie es ihr nach dem Tod des Ehemanns ergangen sei? Die Ehe sei nicht gut gewesen. Ich frage ein bisschen gezielter nach. Herr A. hatte ein Alkoholproblem. Er war häufig die halbe Nacht auf Zechtour. Wenn er gegen Morgen volltrunken nach Hause kam, war er „laut und rücksichtslos". Bei dieser Schilderung lief ein Film vor meinem inneren Auge ab. Wenn eine ältere Dame sagt, „er war rücksichtslos", ist das mitunter die Umschreibung für sexuelle Gewalt. Auf meine vorsichtige Nachfrage, ob er auch gewalttätig gewesen sei, nickte sie nur. Immer wenn er unterwegs gewesen sei, habe sie nicht schlafen können, aus Angst vor seiner Rückkehr. Wenn er dann heimgekommen sei, habe sie sich schlafend gestellt, damit er sie in Ruhe lasse. Das habe manchmal gewirkt, aber nicht immer. Häufig habe er sie auch geschlagen. Darüber habe sie noch nie mit jemandem gesprochen. „Ich hatte immer Angst, die Nachbarn könnten etwas mitbekommen." In dieser Zeit habe sie auch häufig unter Bauchschmerzen gelitten, der Hausarzt habe aber nie etwas finden können. Nun, dachte ich, da dürfte sein Tod wohl auch eine Erlösung gewesen sein. Tatsächlich war es danach mit den Bauchschmerzen erst einmal vorbei.

Frau A. war nicht lange nach dem Tod des Ehemanns aus der gemeinsamen Wohnung ausgezogen, „weil die für eine Einzelperson zu teuer war". Wahrscheinlich wollte sie damit auch den Ort schmerzhafter Erinnerungen verlassen und einen Neuanfang versuchen. Seitdem wohnte sie in einer Zwei-Zimmer-Wohnung in einem anonymen Hochhaus. Einen Freundeskreis gab es nicht, eher eine Reihe oberflächlicher Bekanntschaften. Die einzige Tochter lebte mit ihrer Familie in Norddeutschland. Der Kontakt beschränkte sich auf ein wöchentliches Telefongespräch und zwei bis drei Besuche im Jahr. Die Tochter hatte früher auch unter dem Alkoholkonsum des Vaters zu leiden und sich daher bald vom Elternhaus distanziert. Das Thema wurde zwischen Mutter und Tochter totgeschwiegen. Frau A. war ein religiöser Mensch. Sie ging regelmäßig zur Kirche und zu Veranstaltungen der Gemeinde. Zum Pfarrer hatte sie einen ganz guten Draht. Aber über die wesentlichen Dinge sprach sie auch mit ihm nicht. Sie ging fast jeden Tag spazieren. Ihr Ziel war meistens der Friedhof, wo sie das Grab ihres Ehemannes hingebungsvoll pflegte. Ansonsten verbrachte sie die meiste Zeit in ihrer Wohnung. Im Haushalt gab es schließlich immer etwas zu tun.

Nach unserem Gespräch wusste ich immer noch nicht, warum sie gerade jetzt wieder diese Schmerzanfälle bekommen hatte. Das Gespräch hatte bei mir viele Fragen aufgeworfen, unter anderem warum sie so lange mit einem Mann zusammengeblieben war, der sie misshandelte. Aber ich spürte fast die Gewissheit, dass die neuerlichen Schmerzanfälle etwas mit ihrer Lebenssituation zu tun haben mussten. Die Eindrücke brauchten Zeit, um sich zu setzen. Also verabredete ich mit Frau A. ein zweites Gespräch für den übernächsten Tag.

Am übernächsten Tag war sie bereits nach Hause entlassen worden. Sie hatte keinen Schmerzanfall mehr gehabt und der Oberarzt der Station hatte die Entlassung angeordnet, weil Frau A. schließlich „nachweislich nichts hat und nur das Bett blockiert".

Drei Wochen später hatte ich Nachtdienst und saß sonntagmorgens kurz nach fünf Uhr am Schreibtisch auf dem Flur der Notaufnahme, als Frau A. hereingebracht wurde.

Nach ihrer Entlassung war sie mehrere Wochen beschwerdefrei. Nun war es aber erstmals wieder losgegangen. Ich ergriff die Gelegenheit beim Schopf und bat sie, mir ganz genau den Verlauf der letzten Nacht zu schildern.

Sie sei wie immer relativ früh zu Bett gegangen, habe noch ein wenig Radio gehört und sei dann eingeschlafen. Um halb drei sei sie plötzlich aus dem Schlaf geschreckt. Das Schlafzimmer der Nachbarn liege direkt neben ihrem. Und das Haus sei recht hellhörig. Diese Nachbarn seien erst vor einem halben Jahr eingezogen. Und heute Nacht sei sie wieder einmal unfreiwillig Zeuge geworden, als der Nachbar seine Frau verprügelt habe. Kurze Zeit später hätten schlagartig ihre Bauchschmerzen eingesetzt. Ja, rückblickend könnten solche Ereignisse wohl auch ihren letzten Schmerzanfällen vorausgegangen sein ...

Der Auslöser der Schmerzanfälle war nun klar. Der seelische Mechanismus auch. Das Miterleben der Misshandlungen nebenan hatte bei Frau A. schmerzhafte Erinnerungen an ihre eigenen Erlebnisse aktiviert. Die Erinnerung an ihre eigenen Misshandlungen machte sie gelähmt und sprachlos. Einzig ihr Bauch redete: Er schrie in den Schmerzanfällen die ganze Hilflosigkeit, die Wut und die Verzweiflung heraus.

Nachdem durch eine kurze internistische Untersuchung bestätigt werden konnte, dass Frau A. auch diesmal organisch wieder „nichts" hatte, besprach ich mit ihr die Möglichkeit einer Verlegung in die Psychosomatische Klinik. Sie wirkte erleichtert und war einverstanden. In dieser Klinik verbrachte sie die nächsten zwei Monate. Hier konnte sie sich mit bemerkenswerter Offenheit mit ihrer Lebensgeschichte auseinandersetzen und über die zahlreichen Verletzungen in ihrem Leben sprechen. Sie konnte endlich das jahrzehntelange Schweigen brechen. Und nachdem der Auslöser ihrer Schmerzen schon vorher klar geworden war, kamen auf diese Weise auch die Ursachen ans Licht. Schon als Kind hatte sie Gewalt zwischen ihren Eltern miterleben müssen. Ihre Mutter hatte ihr vorgelebt, dass man sich als Ehefrau nicht wehrt. Die Mutter machte Frau A. als Kind zur Mitwisserin, zu ihrer einzigen Vertrauten. Als Kind war Frau A. damit natürlich überfordert. So blieben nicht nur Gefühle der Ohnmacht, sondern auch der Schuld, ihrer Mutter nicht geholfen und den Vater für sein Verhalten gehasst zu haben. Diese Schuldgefühle hatten wohl auch dazu beigetragen, dass sie später mit ihrem Ehemann selbst in einer ähnlichen Situation verharrte. Die Wut auf den Vater und später auf den Ehemann verschwand – wie bei ihrer Mutter – hinter einer Haltung betonter Sanftmut und Freundlichkeit und hinter beharrlichem Schweigen. Trost wurde einzig in der Kirche gesucht. Die christliche Leidensethik kann ein hervorragender Boden für chronische Schmerzerkrankungen sein.

Während der stationären Psychotherapie musste Frau A. begreifen, worin ihr eigener Anteil an den traumatischen Erlebnissen bestand: Zu Freundlichkeit und Sanftmut erzogen, hatte sie nie gelernt, Grenzen zu setzen. In der Psychosomatischen Klinik bekam sie reichlich Gelegenheit, das zu üben. Und mitunter riskierte sie auch, ihren Ärger offen zu äußern, anstatt ihn nur im Bauch rumoren zu lassen.

Nach ihrer Entlassung aus der Klinik sprach sie ihre neue Nachbarin bei der nächsten Begegnung im Fahrstuhl auf deren Bluterguss im Gesicht an. Die Nachbarin blickte nur verschämt zu Boden und stammelte etwas von „an einer offenen Schranktür gestoßen". Frau A. sah sich nach einer neuen Wohnung um. Während sie früher fast täglich zum Friedhof gegangen war, brachte sie diesmal am Todestag des Ehemanns keine Blumen zum Grab. „Irgendwann muss man ja mal Abschied nehmen", sagte sie zum Pfarrer ihrer Kirchengemeinde.

Britta Helbig

Zwei Teile eines Lebens –
Eine 68-jährige Frau

Johanna Lindemann feierte ihren 68. Geburtstag in einer kleinen
Runde aus Familie, Nachbarn und Bekannten. Man saß gemütlich
im Garten und erzählte sich die neuesten Neuigkeiten aus dem
Dorf und so manche unterhaltsame Anekdote aus den alten Zeiten.

Die Geschichten aus den alten Zeiten reichten jedoch nur zurück
bis etwa 1960. Da bekam Johanna ihr erstes von fünf Kindern und
nur bis zu diesem Zeitpunkt ließ sie in ihrem Kopf Erinnerungen
an die Vergangenheit zu. Eine Vergangenheit, die verheerend gewesen war für sie und für die ganze Familie.

Geboren in einer schlesischen Kleinstadt, wuchs sie die ersten
Jahre gemeinsam mit ihren beiden Geschwistern Anna und Sophie
auf. Es waren glückliche, unkomplizierte Jahre. Dann kam der
Krieg, die Lage wurde schwieriger, aber die Familie schaffte es,
einigermaßen über die Runden zu kommen. Im Sommer 1946
wurde die Familie vertrieben. Über einen Freund erfuhr die Familie von einem Zug, der am nächsten Morgen in den Westen fahren
sollte. In einer dramatischen Nacht- und Nebelaktion packten sie
die Koffer und nahmen den Zug in eine ungewisse Zukunft. Mehrere Monate lang lebten sie in einem Flüchtlingslager, bevor man
der Familie, die zusammen mit den Großeltern und einer alten
Tante geflohen war, zwei kleine Zimmer in einer ehemaligen
Stadtvilla in Landshut zuteilte. Katastrophale Lebensumstände.

Johanna war schon immer ein eher schüchternes Mädchen gewesen. Sie hatte daheim zwei enge Freundinnen gehabt, Luise und
Maria, und sie vermisste sie so sehr. Johanna war jetzt sieben Jahre alt und konnte ihren Schmerz über den Verlust der beiden Mädchen kaum aushalten, waren sie doch jeden Tag zusammen in die
Schule gegangen und hatten gemeinsam draußen gespielt. Einmal

hatten sie an einem kleinen Bach gespielt, der durch starke Regen-
fälle angeschwollen war. Johanna und Maria waren auf die Steine
im Bach geklettert, als eine größere Welle Johanna herunterspülte.
Sie konnte nicht schwimmen und geriet in Todesangst, aber Maria
reichte ihr einen dicken Stock, an dem sie sich wieder aus dem
Wasser ziehen konnte. Todesangst – das war das Gefühl, das sie
jeden Tag seit ihrer Flucht verspürte, und sie hatte keine Ahnung,
wann diese Todesangst aufhören würde. Sie strengte sich an, sich
in die neue Klasse zu integrieren, aber das gestaltete sich eher
schwierig. Die anderen Kinder kannten sich lange untereinander,
es gab bestehende Cliquen und die bayrische Sprache bereitete ihr
größere Schwierigkeiten. Sie tat sich schwer, ihre Scheu zu über-
winden, so sehr sie sich auch bemühte. In all den Jahren in der
Volksschule hatte sie keine neuen engen Freundinnen gewinnen
können, wie Luise und Maria es daheim für sie gewesen waren.
Ihr einziger fester Bezugspunkt war ihre Familie, und die hatte
kaum Zeit und Aufmerksamkeit für sie.

Die Mutter hatte Arbeit in einer Tuchfabrik gefunden. Trotz des
anstrengenden Tages kümmerte sie sich sehr um Johanna und ihre
beiden Schwestern, erzählte Geschichten und Gedichte. Der Vater
hatte nach zwei Jahren eine Anstellung als Lehrer in der Umgebung erhalten. Die Familie hatte ein knappes Auskommen. Die
schwierige Integration in die örtliche Gemeinschaft schweißte sie
eng zusammen. So verbrachte Johanna lieber mehr Zeit mit ihren
Geschwistern als mit den anderen Kindern am Ort.

Eines Tages fuhr ihre Klasse für eine Woche in ein Landschulheim
ins Allgäu, das als Bauernhof geführt wurde. Johanna hatte Angst,
so lange von ihrer Familie getrennt zu sein, und war schon Tage
zuvor verstört. Ihre Mutter redete ihr gut zu: wie schön es werden
würde bei den Wanderungen an der frischen Luft und bei der Versorgung der Tiere. Sie war sich sicher, dass Johanna die Abwechs-
lung gut tun würde. Tränen überströmt verabschiedete Johanna
sich am Bus und sprach während der ganzen Fahrt kein Wort.
Nach dem Abendessen lief sie mit einigen Klassenkameradinnen

über ein paar Wiesen hinüber in ein kleines Waldstück. Es wurde gerade dunkel, als die Kinder versuchten, eine kleine Schlucht zu überqueren. Sie sprangen über einige Felsbrocken im Fluss, der wunderbar klares Wasser führte, und spritzten sich gegenseitig nass. Johanna taute zusehends auf. Der Fluss trug nicht viel Wasser, und so war es überall recht flach. Johanna und die anderen Kinder fielen ab und zu von den Felsblöcken und traten mit den Schuhen ins Wasser, was ihnen noch mehr Spaß machte. An einem großen Felsbrocken rutsche Johanna aus, rollte hinab und fiel mit ihrem ganzen Körper ins Wasser. Ein Mädchen kam, reichte ihr die Hand und zog sie hoch. In diesem Moment schlug ein Déjà-vu-Erlebnis wie ein Blitz durch Johannas Kopf: Sie sah Maria vor sich, wie sie ihr den Stock reichte und sie aus dem tiefen Bach ans Ufer zog. Zum ersten Mal hatte Johanna das Gefühl der Geborgenheit in einer neuen Gruppe von Kindern, und langsam wich diese beklemmende Angst, deren Schatten sie immer bei sich spürte. Es war, als ob Licht in ihre Seele drang. Das hielt auch noch die nächsten Tage auf dem Bauernhof an und sie begann langsam, sich den anderen Kindern gegenüber zu öffnen.

Johanna kam nun besser in der Schule zurecht. Trotzdem behielt sie eine starke Bindung an ihr Elternhaus, insbesondere zur Mutter. Als sie 1960 mit 21 Jahren heiratete, zog sie mit ihrem Mann Klaus in den Nachbarort. Bald kam der erste Sohn, kurz darauf folgten zwei Mädchen, dann noch zwei Jungen. Johanna bekam fünf Kinder in acht Jahren und war durch die Schwangerschaften und die Anstrengungen des Alltags am Ende ihrer Kräfte. Ihre Mutter kam jeden Morgen, um ihr zu helfen, versorgte mit ihr die Kinder, kochte mittags und ging oft erst, wenn ihr Mann abends nach Hause kam. Durch die Belastungen des Alltags blieb sie mit ihrer Mutter ein enges, gutes Team, während ihr Mann arbeiten ging und für den Familienunterhalt sorgte. Klaus war Maschinenbauingenieur und hatte als Abteilungsleiter ein gutes Einkommen. Sechs Jahre nach ihrer Hochzeit bauten Johanna und er ein Haus am Stadtrand von Landshut mit einer kleinen Wohnung für Johannas Eltern. So konnte sich die Mutter den täglichen Weg sparen.

Nach einigen Jahren ging Johanna sogar wieder halbtags arbeiten. Die Mutter kochte mittags für alle und übernahm viele Arbeiten in Johannas Haushalt.

Johanna hatte kaum noch private Bekanntschaften. Der Alltag ließ nicht viel Zeit für Besuche, und ihre Unternehmungen machte sie sowieso lieber mit ihrer Mutter: Eis essen, bummeln gehen oder ins Café. Ihre Beziehung zu Klaus konnte der zu ihrer Mutter nichts entgegensetzen. Weiter reichende Entscheidungen trafen die beiden Frauen meist unter sich. Klaus merkte immer mehr, dass er die Rolle des Mannes an Johannas Seite so nicht leben konnte, wie er sie in seinem Selbstverständnis als Mann gerne übernommen hätte. Er fühlte sich immer mehr auf die Rolle des wichtigen und verantwortungsvollen Ernährers reduziert, aber Johanna gewährte ihm nicht die Anerkennung als Mann, die er sich dafür erhoffte. Bald darauf begann er ein Verhältnis mit einer attraktiven Kollegin. Er hatte auf einmal mehr Dienstreisen und musste auch manchmal am Wochenende arbeiten.

Johanna schaffte es nicht, selbst die volle Verantwortung für ihr eigenes Leben zu übernehmen. Kamen Fragen oder gar Probleme auf, klärte sie diese gemeinsam mit ihrer Mutter. Klaus blieb meist außen vor. Sie erreichte nie eine innere Unabhängigkeit, was ihr zunehmend Schwierigkeiten in ihrer Ehe, aber auch zunehmend bei der Erziehung ihrer Kinder einbrachte. Problematisch waren dabei auch ihre unrealistischen Vorstellungen von einem besseren Leben für ihre Kinder: Beruflichen Erfolg, gesellschaftliche Anerkennung und viel Geld wünschte sie sich für sie.

Peter, der älteste Sohn, war gut in Geschichte und schrieb bereits mit 18 Jahren kleine Kolumnen für ein Lokalblättchen. Er träumte davon, Geschichte und Politik zu studieren und Journalist zu werden. Johanna sah für ihn eher ein Jurastudium vor, um als Diplomat Karriere zu machen. Als Diplomat, so meinte sie, würde er anerkannt und geschätzt sein und das Einkommen würde auch stimmen. Peter war ein sehr verantwortungsvoller junger Mann. Er hatte oft auf seine jüngeren Geschwister aufpassen müssen und seine Mutter unterstützt, wenn sie manches Mal mit den Kindern überfordert war. Johanna redete auf ihn ein wie ein Wasserfall. Schließlich gab Peter nach und schrieb sich für Jura ein. Er wurde Anwalt für Familienrecht und träumt noch heute von einer Arbeit als Journalist.

Susanne mochte Kinder und wollte Erzieherin werden. Sie setzte sich im Gegensatz zu Peter durch und ging ihren eigenen Weg.

Saskia war ein lebenslustiges Mädchen und hatte großes Organisationstalent. Sie plante eine Laufbahn als Eventmanagerin, aber „ein Leben lang große Partys zu organisieren" passte Johanna gar nicht. Sie bekniete Saskia monatelang, bis sie BWL studierte und schließlich bei einem Modekonzern anheuerte. Dort organisiert sie heute die Modenschauen und große Firmenevents – aber mit Diplom.

Patrick war sehr begabt und setzte sich wie seine Schwester Susanne mit seinen Berufs- und Lebensplänen durch. Er wurde Arzt und ging nach Afrika, um in einem Antimalariaprojekt die gesundheitliche Situation der Bevölkerung dort zu verbessern. Gar nicht nach Johannas Vorstellungen, die ihn lieber als Chefarzt der Landshuter Städtischen Kliniken gesehen hätte.

Und schließlich Sven, der Koch. Er träumte von einem Szene-Lokal in Berlin und lieferte sich mit seiner Mutter erbitterte Diskussionen um diese Pläne. Bis Johanna ihm schließlich die Unterstützung verweigerte. Arbeitszeiten bis spät in die Nacht, an allen Feiertagen und Wochenenden, nein, das war nichts für ihr Kind. Sven machte eine Ausbildung als Hotelmanager, wanderte nach der Ausbildung nach Australien aus und hat heute in Sydney ein Szene-Lokal. Weit weg von seiner Mutter, die sehr unglücklich darüber ist, ihren Sohn nur alle paar Jahre einmal zu sehen.

In ihrer Vorstellung teilt Johanna ihr eigenes Leben in die Zeit vor und nach den Kindern ein. Die Zeit vor den Kindern ist schmerzhaft und dunkelgrau vernebelt, die Erinnerungen verdrängt. Vielleicht noch den Ausflug zum Bauernhof lässt sie zu, mehr aber auch nicht. Die Zeit nach den Kindern empfindet sie als ein Leben mit wirtschaftlichem Aufschwung, eine tägliche Teamarbeit mit ihrer Mutter und der Freude über die Kinder.

Johanna manipulierte die Lebenswünsche ihrer Kinder, indem sie massiv Druck auf sie ausübte. Was treibt eine Mutter zu solchen Eingriffen in das Leben ihrer Kinder? Ihre theoretischen Vorstellungen für ein besseres Leben gründen auf finanziellem Wohlstand und gesellschaftlicher Anerkennung. Persönliches Glück, Zufriedenheit im eigenen Leben und innere Ausgeglichenheit spielen in ihren Vorstellungen von einem besseren Leben ihrer Kinder keine Rolle. Letztendlich benutzt sie ihre Kinder zur Verwirklichung ihres eigenen Ziels: der Erlangung von Anerkennung, die ihr selbst nie zuteil wurde.

So feiert sie heute ihren 68. Geburtstag in der Runde ihrer Familie, Nachbarn und Bekannten. Die Familie: ein Ehemann, der sie noch heute betrügt. Kinder, die viele Umwege gehen mussten, um ihr eigenes Glück leben zu dürfen. Nachbarn und Bekannte nur mit salonfähigen Berufen und dazugehörigen Titeln – oft mit unnatürlichem Gebaren und geschmückt mit Statussymbolen, um über die eigene innere Leere hinwegzutäuschen. Sie erzählen sich oberflächliche Geschichten aus dem Dorf und unterhaltsame Anekdoten aus den alten Zeiten – aber nur zurück bis 1960.

Welche Lösungsmöglichkeiten gibt es für diese Problematik?

Die zentrale Frage im Leben eines jeden Menschen ist die nach dem persönlichen Glück.

Zunächst einmal lebt Johanna ihr eigenes Leben abgerückt von ihrer eigenen Identität. Johanna verdrängte ihre erste Lebenshälfte, aber Verdrängung hat bekanntlich noch nie jemandem wirklich geholfen. Der erste Schritt besteht also darin, die Ereignisse ihrer ersten Lebenshälfte in ihr Leben einzulassen und sie nicht länger zu verdrängen. Erst danach kann der zweite Schritt erfolgen, nämlich sich mit diesen Ereignissen minutiös auseinanderzusetzen. Die Schrecken der Flucht, die verlorene Kindheit, die extreme Armut, die Schwierigkeiten, sich in die neue Umgebung einzugewöhnen. Wenn Johanna weiß, dass dies Geschichte und damit vorbei ist, dann wird sie auch verstehen, dass die Angst, die Traurigkeit, die Unsicherheiten vorbei sind. Dann wird sie verstehen, dass das Jetzt anders ist und sie ihre Schutzmechanismen von damals im heutigen Alltag nicht mehr braucht.

Ähnlich verhält es sich mit ihrer Einstellung zum Lebensglück ihrer Kinder. Johanna kann sich nicht vorstellen, dass es im Leben neben einer finanziellen Absicherung noch weitere erstrebenswerte Ziele gibt. In ihrem Leben war ein zentrales Thema das Entrinnen aus der Armut – wie sollte das bei ihren Kindern anders sein? Durch ihre starken Verdrängungsbestrebungen hatte sie sich selbst die Chance zur Aufarbeitung genommen und damit auch die Chance, nach objektiver finanzieller Unabhängigkeit neue Ziele im Leben zu entdecken. Zum Beispiel tiefe Liebe für ihren Mann, den sie dadurch im Herzen verlor.

Der Weg nach vorn führt Johanna also zunächst in die Vergangenheit, um daraus gestärkt die Zukunft neu zu gestalten. Losgelöst von den Sorgen der Vergangenheit wird sie ihrem persönlichen Glück ein Stück weit näher kommen.

Winfried Prost

Ein altes Ekel? –
Eine 85-jährige Frau

Nachdem seine Mutter in einem Pflegeheim untergebracht worden war, klagte ihr Sohn während einer Pause im Coaching: „Da hatten wir dann gedacht, nun ist das ‚alte Ekel' endlich versorgt, aber jetzt liegt sie da in einem so jämmerlichen Elend und kann doch nicht sterben, dass sie einem schon fast wieder leidtut. Aber sie war wirklich eine schlechte Mutter und hat uns geplagt und schikaniert so gut sie konnte. Sie hat die feine Dame gespielt, und wir mussten für sie die adretten Kinder und die glückliche Familie in der Öffentlichkeit spielen. Viel gekümmert hat sie sich nicht um uns, dafür waren die Hausmädchen zuständig. Sie ging zu gesellschaftlichen Anlässen, war streng im Umgang mit ihrem Mann und nörgelte möglichst an allem herum. An ihrem 80. Geburtstag, als wir uns alle Mühe gegeben hatten, ihr ein schönes Fest zu veranstalten, ließ sie zum Schluss solche Schimpftiraden los, dass wir uns vor den Gästen fürchterlich geschämt haben und die für diesen Tag engagierte ehemalige Haushaltshilfe weinend in der Küche saß. Frau Dr. Beisenkötter führte in der Familie bis ins hohe Alter das Regiment und niemand kam gegen sie an, ehe sie körperlich gebrechlich wurde. Selbst dann konnte man ihr nichts recht machen."

So erregte sich ihr Sohn im Bewusstsein gerechter Empörung über seine Mutter, von der er weiter nichts Gutes zu berichten wusste. Im Pflegeheim reagierte sie nicht einmal mehr auf ihren Vornamen oder die Anrede „Mutti", allein mit „Frau Dr. Beisenkötter" schien man noch zu ihr vordringen zu können. Der Sohn stellte die Frage: „Wie kann man nur ein ganzes Leben lang so ekelhaft sein?"

Dieser Frage ging ich nach. Was hatte diese Frau so hart gemacht? Der Schlüssel war nach einer kurzen Befragung des Sohnes schnell gefunden.

Frau Dr. Beisenkötter war 1917 als Maria Schaf auf einem kleinen Bauernhof in der Eifel geboren worden. Ihr Vater besaß sieben Kühe und ein paar kleine Äcker und die Familie ernährte sich redlich, aber sehr mühsam. Ihrem älteren Bruder stand der Hof als Erbe in Aussicht, und sie konnte höchstens auf eine günstige Heirat hoffen. Zu Hause musste sie auf dem Acker und im Kuhstall helfen. Alles schmutzige Arbeiten, die ihr als Mädchen und junger Frau zuwider waren. Ihre größte Sehnsucht war es entsprechend, aus dem engen Umfeld von Kirche, Küche und Kuhdung herauszukommen. Da kam ihr der junge Tierarzt gerade recht, denn er stellte für sie das Sprungbrett in eine andere Gesellschaftsschicht dar. Aber zugleich war sie zu klug, um seinem Werben sofort nachzugeben. Abwechselnd lockte sie ihn und ließ ihn dann wieder zappeln. Fünf Jahre spielte sie dieses Spiel. Nun war sie nicht nur in seine Schicht aufgestiegen, sondern stand auch souverän über ihm. Er würde ihr niemals vorwerfen können, sie sei ja nur eine arme Kälbermagd gewesen, ehe er sie gnädig aus diesem Los zu sich in seinen Stand erhoben hätte. So baute sie sich also eine sichere Festung in ihrer neuen Schicht. Nachdem sie mit ihrem Mann in eine hessische Kleinstadt gezogen war, kleidete sie sich als Frau Dr. Beisenkötter immer besonders elegant, zog ihre Kinder besonders fein an und legte strengen Wert auf gutes Benehmen. Sie verhielt sich arrogant, bewies einen teuren Geschmack und neigte zu überlegener Kritik. Niemand sollte ihr ihre niedere Herkunft je ansehen können. Ihre Kinder sollten bessere Schüler sein als andere und studieren. All das tat sie für sich und ihre Kinder.

Die Kinder hingegen unterlagen einem Irrtum: Sie hielten sich für Beisenkötters, wähnten sich während ihres Studiums und danach als Kinder auf der Spur ihres Vaters. Sie wussten, dass ihre Mutter von einem kleinen Bauernhof stammte. Eine Enkelin, die diesen Bauernhof in der Eifel später einmal besuchte, rief spontan aus: „Na, dafür dass die Oma aus so einer kleinen Klitsche stammt, spielt sie sich aber ganz schön auf!" Sie sahen nur das Übertriebene an ihr, ihre Härte, und verurteilten sie deshalb.

Die Kinder beachteten nicht die Leistungen ihrer Mutter. Die Lebensleistung der Mutter hatte darin bestanden, mit Klugheit, Geschick und äußerster Selbstdisziplin ihre Kinder aus der Armut und Chancenlosigkeit in eine wirtschaftlich wohlhabendere und stabilere Situation zu bringen. Dadurch hatten sie die Möglichkeit einer freien Berufswahl. Das Bewusstsein ihrer eigenen Herkunft war ihr dabei immer ein Stachel im Fleische und sie versuchte, ihre neu erworbene Rolle als Frau Dr. Beisenkötter perfekt zu spielen. Dass sie sich dabei dauerhaft überforderte, nur wenig an mütterlicher Wärme und Liebe aufbringen konnte, führte dazu, dass ihre Kinder sie schließlich als „Ekel" empfanden und ihre Lebensleistung weder erkannten noch zu würdigen wussten.

Obwohl ihr 80. Geburtstag scheinbar perfekt organisiert gewesen war, mag der Hauptgrund für ihre aggressive Unzufriedenheit nach diesem Fest darin zu suchen sein, dass niemand eine Rede gehalten hatte, in der ihre erhebliche Lebensleistung gewürdigt wurde.

Todkrank lag sie ein Jahr überwiegend im Koma. Aber ihr Zustand blieb auf diesem Niveau stabil und es war nicht abzusehen, wie lange sie darin bleiben würde.

Die Chance, ihr den Abschied vielleicht zu erleichtern, fand sich in folgenden Überlegungen: Ich zeigte dem Sohn, dass er sich bislang nur als Sohn seines Vaters gesehen hatte und die Leistung der Mutter ignoriert hatte. So habe eine Kälbermagd es geschafft, ihre Kinder studieren zu lassen und in eine angesehenere Gesellschaftsschicht aufsteigen zu lassen. Für diese Lebensleistung habe er ihr wohl noch nicht gedankt.

Der Sohn reagierte betroffen: So habe er das noch nie gesehen, aber das sei ja auch völlig wahr.

Wir berieten, wie er seiner Mutter, die ja schon seit längerem im Koma lag, seinen Dank überbringen könne und damit vielleicht das Sterben erleichtern könne. Vielleicht warte sie ja nur und genau darauf.

Aber wie spricht man jemanden an, der im Koma liegt? Wir beschlossen, er solle ihr ihre eigene Geschichte von Anfang an einmal so erzählen, wie wir sie besprochen hatten, und ihre Lebensleistung würdigen und ihr dafür danken. Gleichzeitig ermutigte ich ihn, ihre lange Krankheit und ihr Leiden zu würdigen und ihr zu sagen, dass sie nun wohl genug gelitten habe und auch gehen dürfe. Ich riet ihm, seiner Mutter zu sagen, dass er auch ohne sie alles in ihrem Sinne regeln könne und dass sie nun ihrem Mann folgen dürfe. Zusätzlich regte ich an, seiner Mutter vielleicht einen Gegenstand aus ihrer Heimat ans Krankenbett zu stellen. Ihm fiel dazu eine bestimmte Kerze ein. Außerdem kam er auf die Idee, seine Mutter in ihrem Heimatdialekt anzusprechen, denn darauf hatte sie vor ein paar Monaten am stärksten reagiert.

Am nächsten Tag brachte mein Gesprächspartner seiner Mutter die Kerze und sagte ihr die Dinge, die wir besprochen hatten. Etwa drei Stunden später schlief seine Mutter friedlich ein.

Der Herausgeber

Dr. Winfried Prost
ist Gründer und Leiter der *Akademie für Ganzheitliche Führung* in Köln. Er versteht sich als „Praktischer Philosoph" und ist Experte für rhetorische und dialektische Kommunikation, Verhandlungsführung, Führungsfragen, Öffentlichkeitsarbeit, Selbstführung und Psychosomatik. Er studierte unter anderem an einer Jesuiten-Hochschule Philosophie, Theologie, Pädagogik und Politikwissenschaft, befasste sich mit Tiefenpsychologie und systemischer Psychologie.  In den letzten 25 Jahren hat er Seminare, Vorträge und Coachings für etwa 15 000 Führungskräfte und Topmanager aus Wirtschaft und Politik durchgeführt. Er engagiert sich für ganzheitliche Lösungen, die alle betroffenen Menschen sowie deren Persönlichkeitsebenen und Lebensbereiche sinnvoll integrieren, und hat Lehraufträge an verschiedenen Hochschulen und Fortbildungsinstitutionen. Er lebt in Köln und Zürich, ist Vater von sechs Kindern und veröffentlichte bisher 22 Bücher.

Weitere Bücher von Winfried Prost

Führen mit Autorität und Charisma; Gabler Verlag Wiesbaden 2008.
Dialektik – Die Psychologie des Überzeugens; 2. Auflage, Gabler Verlag, Wiesbaden 2008.
Manipulation und Überzeugungskunst; Gabler Verlag, Wiesbaden 2009.

Rhetorik und Persönlichkeit; Wie Sie selbstsicher und charismatisch auftraten, 2. Auflage in Vorbereitung, Gabler Verlag, Wiesbaden 2009.

Führe dich selbst!; Die eigene Lebensenergie als Kraftquelle nutzen, 3. Auflage in Vorbereitung, Gabler Verlag, Wiesbaden 2010.

Die Autorinnen und Autoren

sind alle Mitglieder und Experten der *Akademie für Ganzheitliche Führung,* Köln und Zürich

Irene Barth

Pädagogin, sozial engagierte Lehrerin im Primarschulbereich, Leiterin von Ferienfreizeiten für Kinder.  Nach fünf Jahren Verlagslektorat und einer Ausbildung als Persönlichkeitscoach arbeitet sie mit Menschen verschiedener Altersstufen und Kulturen in Schule und evangelischer Kirche. Die Erfahrungen aus ihrer Beschäftigung mit Familienforschung und systemischer Psychologie prägen sie bei ihrer Tätigkeit als Coach. Sie lebt mit ihrem Mann in Regensburg und ist Mutter einer Tochter.

Carsten Gaede

Studium der Betriebswirtschaft, über 20-jährige Berufserfahrung mit vielfältiger unternehmerischer Verantwortung im In- und Ausland.  Er war in den Bereichen Vertrieb, Marketing und Personalwesen sowie in der Geschäftsführung mehrerer Unternehmen tätig. Ausbildung und Arbeit als Coach seit 1996, Beratungstätigkeit bei Unternehmenssanierungen und Insolvenzabwicklung, seit 2002 ganzheitliche Beratung und Begleitung von Unternehmern bei Führung, Selbstführung und der Vorbereitung von Entscheidungen. Seit 2006 ist er Inhaber eines Unternehmens für Berufs- und Gesundheitscoachings. Er lebt in Leverkusen, ist mit Susanne Gaede verheiratet und Vater von acht Kindern.

Susanne Gaede

Studium der Medizin, klinische Tätigkeit, Ärztin mit eigener Praxis seit 1992. Zusatzqualifikation in den Bereichen Naturheilverfahren, Akupunktur, Energiemedizin, Entspannungstechniken, Transaktionsanalyse und Familienaufstellungen. Ausbildung zum Trainer und Coach. Seit mehreren Jahren ist sie im eigenen Unternehmen als Therapeutischer Coach tätig und führt eine Privatarztpraxis für Naturheilverfahren und Ganzheitliche Medizin in Leverkusen. Ihre Tätigkeit umfasst die Begleitung bei jeglicher Art von körperlichen Beschwerden und seelischen Belastungen (z. B. Gewichts-, Nikotin-, Alkoholprobleme) sowie die Beratung von Frauen im Berufsleben und in besonderen Situationen (z. B. Schwangerschaft, Klimakterium, Lebenskrisen). Sie lebt in Leverkusen, ist mit Carsten Gaede verheiratet und Mutter von acht Kindern.

Dr. Petra Gottesmann-Haag

Sie promovierte in ihrem Lieblingsfach Diplom-Chemie und baute mehrere eigene Firmen mit vielen Mitarbeitern auf. Durch ständige persönliche Weiterbildung und die Erfahrungen in den eigenen Unternehmen sowie durch langjährige Beratungstätigkeit erwarb sie eine hohe analytische Kompetenz. Sie unterstützt und berät Unternehmen und Personen bei der strategischen Neuausrichtung laufender Projekte und bei der Planung neuer Lebenswege. Sie lebt in Deutschland und der Schweiz und ist Mutter eines Sohnes.

Dr. Steffen Heger

Medizinstudium in Heidelberg und Mannheim, Promotion in der Anästheie. Nach zwei Jahren in Anästhesie und Intensivmedizin Weiterbildung zum Facharzt für Psychosomatische Medizin und Psychotherapie am Zentralinstitut für Seelische Gesundheit in Mannheim, dort zuletzt als Oberarzt der Psychosomatischen Klinik tätig. Anschließend vier Jahre Medical Manager in einem forschenden pharmazeutischen Unternehmen, parallel Weiterbildungen in Coaching, Medical Writing und Evidence Based Medicine. Seit 2005 in eigener Praxis niedergelassen in Köln. Praxisschwerpunkte: Patienten mit Schmerzerkrankungen, ADHS und HIV-assoziierten seelischen Störungen. Seit Anfang 2008 außerdem Study Responsible Physician einer europaweiten Arzneimittel-Zulassungsstudie mit erwachsenen ADHS-Patienten. Er ist Dozent am Kompetenzzentrum Psychosomatik Mannheim e. V. und kann über 50 schriftliche Veröffentlichungen und ca. 100 wissenschaftliche Vorträge vorweisen.

Dr. Britta Helbig

Ärztin mit betriebswirtschaftlicher Ausbildung zum M.B.A. mit Schwerpunkt Marketing. Nach Tätigkeiten in Klinik und Praxis war sie über zehn Jahre bei verschiedenen Global Playern der pharmazeutischen und biotechnologischen Industrie tätig. Dort machte sie in verantwortlichen Positionen umfangreiche Erfahrungen in den Bereichen Medical und Marketing sowie New Product and Business Development. Heute ist sie als Unternehmensberaterin und Inhaberin der *SMC Strategic Marketing Consulting* im Gesundheitswesen tätig und lebt in Münster. Sie begleitet auch teamkritische Situationen durch individuelles Coaching. Britta Helbig ist verheiratet und Mutter von Zwillingen.

Gerald Iserloh

Ausbildung und Anlageberater bei der Deutschen Bank. Studium der Betriebswirtschaftslehre mit Abschluss zum Diplom-Kaufmann (FH). Seit 1995 Berater. Acht Jahre bei der bundesweit tätigen Eichhorn Engineering Industrieberatung, seit 2003 selbständig. Lehrbeauftragter der Fachhochschule Bonn-Rhein-Sieg von 2001 bis 2007 zu dem Thema: „Krisenbewusstes Management und Krisenprävention". Rating-Advisor (IHK). Zertifizierter Bewertungsgutachter bei der IACVA-Germany im Bereich Unternehmensbewertung als Certified Valuation Analyst (CVA). Er ist Mitbegründer und Gesellschafter der Unternehmensberatung *PARES – Strategiepartner* und lebt in Köln.

Ulrike Petschuch

Diplom-Biotechnologin, zertifizierte Trainerin für ganzheitliche Persönlichkeitsentwicklung und Beraterin mit den Schwerpunkten Coaching und Patienten-Service-Programme. In ihrer über zehnjährigen Tätigkeit im Gesundheitsmarkt in verschiedenen Positionen hat sie Ärzte und medizinische Fachkräfte erfolgreich trainiert. Ihr besonderes Interesse gilt den einzelnen Menschen und deren individuellen Hintergründen. Sie ist Mitbegründerin und Geschäftsführerin der Beratungsagentur *Medimentor* für den Gesundheitsmarkt und organisiert Trainings, Coachings und Entwicklungsprogramme. Sie lebt in München.

Ralf Schmidt

Diplom-Kaufmann, Studium der Betriebswirtschaftslehre an der Universität der Bundeswehr in Hamburg. Nach seiner Dienstzeit
als Offizier bei der Bundeswehr (acht Jahre
als Beauftragter für Politische Bildung) arbeitete er über ein Jahrzehnt als Projektleiter
in mehreren großen deutschen Handelskon-
zernen. Er ist seit 2001 hauptberuflich als
Coach für Persönlichkeitsentwicklung und Kommunikation mit
einem besonderen Schwerpunkt in der Burnout-Prävention tätig.
Er lebt in Deutschland und Schweden und baut dort ein eigenes
Seminarzentrum auf.

Sascha Schmidt

Seit 2005 ist er mit *New Media Consulting*
selbständig und bietet seit 2006 zusätzlich
Personality-Coaching an. Grundlage für seine
Arbeit sind ein geisteswissenschaftliches
Studium (Geschichte, Philosophie, Pädagogik), eine Laufbahn als Journalist, Leiter
E-Business und Leiter Produktmanagement
bei mehreren deutschen Verlagen mit mehr-
jähriger Führungserfahrung von internen und
externen Teams. 2006 Ausbildung zum
Führungs- und Persönlichkeits-Coach an der Akademie für Ganzheitliche Führung. Weitere Ausbildungen in Transaktionsanalyse
bei Christa Marwedel mit Schwerpunkt auf Familienarbeit und
Coaching bei Rainer Thiele-Fölsch vom BIATA in Berlin. Er lebt
in München, ist verheiratet und Vater von zwei Kindern.

Alexander Sladek

Der Naturwissenschaftler und Trainer für ganzheitliche Persönlichkeitsentwicklung hat über zehn Jahre Erfahrung im Pharmamarkt auf verschiedenen Positionen in Marketing und Vertrieb. Seit 2004 entwickelt er Konzepte zum Coaching und Training von Ärzten, medizinischem Fachpersonal und Apotheker und setzt diese mit der pharmazeutischen Industrie um. 2006 Mitbegründer und Geschäftsführer von *Medimentor.* Tätigkeitsschwerpunkte: Konzeptionierung und Durchführung von Entwicklungsprogrammen für Mitarbeiter im Innen- und Außendienst der pharmazeutischen Industrie, Intensivtrainings für Fachärzte zum Thema Kommunikation, Konzeption und Implementierung von Patienten-Service-Programmen. Er lebt in München und hat mit seiner Frau zwei Kinder.

Kontakt zum Herausgeber und den einzelnen Autoren unter:

www.akademie-fuer-ganzheitliche-fuehrung.de